「新撰姓氏録」から
解き明かす
日本人の血脈

神々の子孫

戸《と》矢《や》学《まなぶ》

方丈社

まえがき　一二〇〇年前に編纂された奇跡の記録

平安時代初期の公式記録である『新撰姓氏録《しんせんしょうじろく》』（八一五年編纂）に、京を含む畿内全域に居住するすべての氏族名が列挙されている。いわば現代の東京と南関東といったところであろうか。この地域は当時の都とその周囲であるから国の中枢であって、そこに居住する氏族こそは日本国を維持運営する人々の主要構成者である。

むろん各地方にも有力氏族は居住しているが、八世紀末において直接日本国のまつりごとに関わる氏族は京およびその周囲に居住せざるを得ない。つまり、国家あるいは民族の中枢たる人々の「血脈」が、ここにあると言ってよいだろう。

同書によれば、畿内全域に住む主要氏族は全一一**八二氏**である。そしてこれらを皇別《こうべつ》・神別《しんべつ》・諸蕃《しょばん》・畿外《きがい》（未定雑性）の「四階層」に分けて記録した。

●「皇別」とは、神武天皇以降に皇室から発した血統を意味する。

すなわち、臣籍降下したもので、皇室の分流である。

三三五氏を数える。

●「神別」とは、天津神・国津神の子孫を意味する。**四〇四氏**を数えるが、さらに天孫系一〇九氏、天神系二六五氏、地祇系三〇氏に分類されている。

●「諸蕃」とは、シナ大陸・朝鮮半島その他から渡来した者の子孫を意味する。**三二六氏**を数えるが、内訳は漢系一六三氏、百済系一〇四氏、高麗（高句麗）系四一氏、新羅系九氏、加羅系九氏となっている。

●さらに、これらのどこにも属さない氏族を「畿外（未定雑性）」として、一一**七氏**を挙げている。

おおよそ一二〇〇年前のこの記録は驚くべきものである。いわば「日本民族の戸籍」の基幹部分が明示されているものであって、しかも各氏族の「祖先神」「氏祖神」までもが明記されているのである。

とりわけ「神別」と「諸蕃」については、明記された神名が、その血統の大きな手掛かりを与えてくれる（あるいは、明記された神が、いかなる系統のものかについての手掛かりを与えてくれる）。

なおかつ本資料の瞠目すべき点は、一二〇〇年前の時点で、渡来系人士がいかに多く、しかも政治・文化・経済・軍事の中枢に食い込んでいたかということを明確に録していることであるだろう。

なにしろ、全体の三割近い三二六氏が「渡来系氏族」ということであって、これが平安時代初期の日本人の実相ということになるからだ。

しかも、皇別や神別においても、明らかに渡来系で、とくに海人《あま》族由来である氏族が少なからず存在する(国造など)。したがって渡来系の実数はさらに多くなる。私はおおよそ半数が渡来系であると見立てている。

そして当然のことながら、彼らの血脈上の後裔《こうえい》である子孫が、現代日本においてまでも連綿として活躍していることであるだろう。

ということであるならば、これまで日本人について民族的均一性がしばしば指摘されているが、どうやらそれは後天的に獲得されたものであるかもしれないということになる。ヤマトが取り込んだ渡来の血脈は思いのほか多量であって、縄文から弥生へと一大変換を起こした日本および日本人の本質がこの柔軟性によって育まれたものであるかもしれない。

本書は、『新撰姓氏録』から浮かび上がる「古代日本人」の実相に肉薄して、飛鳥、奈良、平安にかけて急速に成熟した日本古代文化の血統的な原動力、源泉を解き明かす試みである。

『新撰姓氏録』……京・畿内全域に住む氏族および畿外有力氏族一一八二氏の内訳

●皇別　三三五氏
●神別　四〇四氏　天孫系　一〇九氏
　　　　　　　　　天神系　二六五氏
　　　　　　　　　地祇系　　三〇氏
●諸蕃　三二六氏　漢　　　一六三氏
　　　　　　　　　百済　　一〇四氏
　　　　　　　　　高麗　　　四一氏
　　　　　　　　　新羅　　　　九氏
　　　　　　　　　加羅　　　　九氏
●畿外（未定雑性）　　　　一一七氏

この数値を、しっかりとご記憶願いたい。以下詳細は本文にて。

令和二年葉月　著者

神々の子孫——目次

第一章 神の裔《すえ》……大和人《やまとびと》の証しは神の血脈か

第二章

海人族《あまぞく》の渡来……波の彼方からやってきた神社信仰

第三章

祭祀氏族の台頭……蘇我・物部から中臣へ

第四章

国体の本義……天皇号の発明と国家の開闢《かいびゃく》

第五章　姫《き》氏の血脈……皇室の苗字はなぜ消されたか

《巻末資料》

装丁　上田晃郷
本文デザイン　印牧真和
カバー写真　アフロ

「新撰姓氏録」から解き明かす日本人の血脈

神々の子孫

第一章

神の裔《すえ》

……大和人《やまとびと》の証しは神の血脈か

「八色《やくさ》の姓《かばね》」が明示するヤマトの支配層

『新撰姓氏録《しんせんしょうじろく》』という奇跡の書物がある。

平安時代初期の八一五（弘仁六）年に、嵯峨天皇の命により編纂されたもので（桓武天皇が発議したものであるが生前に完成しなかった）、いわば「古代氏族名鑑」である。京を含む畿内全域に居住する有力氏族を列挙したもので、誰がこの時代にヤマト（夜麻登・邪馬台・倭・大和）という国家を運営していたか、ここに全貌が記載されている。それぞれの氏族の名が、居住地、姓《かばね》、始祖（氏祖神）を明記した形で列挙されている。一二〇〇年前の都というものの具体的な「顔」が見えるという奇跡のような資料である。しかもここに記録されている氏族の後裔（子孫）は、その多くが現代に血脈をつないでいる。

たとえば一般に馴染み深い苗字である島田や丹羽《にわ》、小野、久米、青木、橘《たちばな》等々は、皇別すなわち「神武天皇の後裔の血統」であると、同書に録されている。高市、穂積、白石、土井、河野等々は、神別すなわち「天孫および天津神、国津神の後裔」であると同書に録されている。

秦《はた》、坂上、菅野、不破《ふわ》、清水等々は、諸蕃すなわち「渡来して帰化した氏族の後裔」であると、これも同書に録されている。

これらはほんの一例にすぎないが、現代においてもきわめてポピュラーな苗字が、すでに一二〇〇年前の氏族名鑑にその血統と共に明記されているのだ。

その数、一一八二氏。個人名ではなく氏族名での収載であるから、それぞれの氏族から複数名以上の者が常に登用されていたと考えられる。平安時代初頭の日本の総人口は約五〇〇万人と推定されているので、中央政権を担う氏族は基本的に網羅されていると考えてよいだろう。

現代の政治家と単純比較するなら、人口一億二〇〇〇万人の日本において、国政を担う政治家・官僚は七九六人（衆院四六五、参院二四五、知事四七、事務次官一六、裁判官二三）である。政治構造も異なるため単純に比較はできないが、かなりの高比率で人材を掌握していたと考えられる。これらの氏族は国家運営の基盤であった。

巻末に『新撰姓氏録』収載の全氏族名一一八二氏を掲載順に列挙しているので（佐伯有清『新撰姓氏録の研究　本文篇』による／以下掲載順／旧字はすべて新字に変更／同名の重複は由緒・居住地等が異なる）、ぜひ概観していただきたい。

なお、「姓氏録」には氏族名と姓《かばね》（可婆根、尸）とが一体となって収載されており、カバネがすでに名と同化していたことが認められる。「姓（かばね）」という語が将来、「姓（せい）」と音読されるようになる前哨とも理解されよう。

当初のカバネ（原始的カバネ）は五世紀頃には成立していたと考えられるが、発祥の経緯や語源は不明である。おそらく、有力氏族の地位や職掌がヤマト政権において定着するにつれて、それぞれの立場を示すために与えられ制度化され世襲されたものであるだろう。

当初に制度化されたカバネは**国造**《くにのみやつこ》、**県主**《あがたぬし》、**稲置**《いなぎ》、**別**《わけ》（**和気**）など。その後、**公**《きみ》（**君**）、**臣**《おみ》、**連**《むらじ》がさだめられ、さらに**直**《あたい》、**首**《おびと》、**史**《ふひと》、**村主**《すぐり》（**勝**《すぐり》）、**造**《みやつこ》、**伴造**《とものみやつこ》、**神主**《かんぬし》、**祝**《ほうり》、**曰佐**《おさ》、**吉士**《きし》、**薬師**《くすし》、**絵師**《えし》、**使主**《おみ》など、出自や官職によって慣習的に呼び習わされる傾向であった（系統的一貫性はない）。それをカバネと称して、ヤマト政権下で、大王《おおきみ》（天皇）から有力氏族に称号として与えることとしたものである。

それらの集大成として、六八四（天武一三）年に、天武天皇によって「八色《やくさ》の姓《かばね》」が制定され、これによってそれまでのカバネは形骸化した。

八色の姓は**真人**《まひと》、**朝臣**《あそん》、**宿禰**《すくね》、**忌寸**《いみき》、**道師**《みちのし》、**臣**《おみ》、**連**《むらじ》、**稲置**《いなぎ》の八階位であるが、新たに下賜されたのは実質的には上位四姓のみで、それまで尊重されていた世襲の臣、連は六位、七位に下げられ、新たなカバネは有能な人材の登用法・抜擢法として活用した。壬申の乱において舎人《とねり》などの下級官人の支持によって勝利したことを踏まえた、天武天皇による一大改革である。

以後、八色の姓は厳密には明治初期まで一〇〇〇年以上にもわたって公式の称号として用いられている。明治政府の公文書には、「平朝臣隆盛（西郷隆盛）」「藤原朝臣利通（大久保利通）」、「菅原朝臣重信（大隈重信）」、「源朝臣有朋（山縣有朋）」、「越智宿禰博文（伊藤博文）」などの署名が認められる。いずれも「氏《うじ》」と「姓《かばね》」を体したもので、『新撰姓氏録』の氏姓にならったものである。

明治四年に「姓尸不称令《せいしふしょうれい》」が布告され、一切の公文書に「姓尸」（カバネとウジ）を表記することなく、「苗字実名」のみを使用することが定められた。これによって氏姓は事実上廃止となった。

「姓氏録」の氏族名は主にこれらの「八色の姓」とともに記されているが、なかには古い姓を用いているものもあるのは、その時点ですでに名と一体化していたゆえと考えられる。そもそも同書の表題が「姓氏録」すなわち「姓《かばね》」と「氏《うじ》」によると示しているように、ここに示されるのは「氏＋姓＋出自」である。

「八色の姓」によって『新撰姓氏録』の内訳を見てみよう。

第一位、真人《まひと》　四八氏（うち四四は皇別筆頭。残四は未定雑姓）
第二位、朝臣《あそん》　一〇二氏（天孫系と地祇系に分けられる）
第三位、宿禰《すくね》　九八氏（天孫系と地祇系に分けられる）
第四位、忌寸《いみき》　五〇氏（天孫系と地祇系に分けられる）

第五位、道師《みちのし》　なし（技術者・技能者の尊称か）
第六位、臣《おみ》　六三氏（「八色」以前からの世襲）
第七位、連《むらじ》　二五八氏（「八色」以前からの世襲）
第八位、稲置《いなぎ》　なし（地方官であるため、畿内に住むことはない）

第一位の姓「真人」は、全四八氏（息長真人《おきながのまひと》、甘南備《かんなび》真人、飛多《ひだ》真人　英多《あがた》真人、大原真人、吉野真人、淡海《おうみ》真人、氷上《ひかみ》真人　多治《たじひ》真人、春日真人、當麻《たいま》真人など）のうち、未定雑姓の四氏以外の四四氏はすべて皇別筆頭である。これはすなわち内廷皇族（天皇一家）に次ぐ高位高官という意味で、後世の皇族に相当する一族であろうと考えられる。

なお八色の姓とは、文字通り八種類八階位であるが、その第一位の「真人」には特別な意味がある。これは道教の用語で「天の神の命を受けた地上の支配者」を意味する。

天武天皇の和風諡号《しごう》「天渟中原瀛真人天皇《あまのぬなはらおきのまひとすめらみこと》」に「真人」の語がおくられたのは、天武帝が道家であったことの証明でもあるだろう。なお、「瀛」は瀛洲《えいしゅう》山のことで、神仙思想で蓬莱《ほうらい》山、方壺《ほうこ》山とともに「東海の三神山」とされたものである。つまりこの諡《おくりな》は「大海の真中にある瀛洲山に生まれた天命の支配者」という意味になる。

天武天皇の歴史的な功績は驚くべきものである。独自の論理体系は、さまざまな政治文化の施策として結実し、その後の日本国家の基軸を決定付けた。日本国の国体のデザインは、天武天皇によると言って過言ではない。

第四〇代天皇。在位は六七三（天武二）～六八六（朱鳥一）年。

漢風諡号は天武天皇。

和風諡号は天渟中原瀛真人天皇。

万葉集には明日香清御原宮（御宇）天皇とある。

諱《いみな》は大海人《おおしあま》。渡来系氏族の凡海《おおしあま》氏の養育を受けたことに拠るもので、即位するまで大海人皇子《おおしあまのみこ》と呼ばれた。

『新撰姓氏録』には、右京神別地祇の凡海連、摂津国神別地祇の凡海連、未定雑姓右京地祇の凡海連という三氏が収載されている。いずれも「神別・地祇」の「連」であるが、元は渡来の海人族で、壬申の乱に際しては尾張氏をはじめとする同族の全面協力によって鉄刀を手配し、銅剣しか持たない大友軍を圧倒した。

天武帝は、『日本書紀』に歴代天皇で唯一、上下二巻を費やして（他はすべて一巻のみ）克明な事績が記されているが、前半生には謎が多い。とりわけ天智帝との関わりや、壬申の乱については複雑で歴史的にも重要であるのだが、本書のテーマに直結しないのでここではとくに論じない。

いずれにせよ、天武天皇の第一の功績は「八色の姓」という位階の制定である（天武天皇はこれを含めて「九つの偉業」を成したが、それについては第四章であらためて述べたい）。

ちなみに筆者の父方の系図には、氏祖から五代目に多治比島真人《たじひのしまのまひと》という名が見える。多治比氏は当初「公」であったが、後に「真人」に登用されたもので、したがって生え抜きの皇別ではない。筆者の祖先の一人であるかどうかの信憑性は確認できないが、家系を権威付けるための一つの要素であったことは確かだろう。

第二位の「朝臣」は、古くは「あそみ」と読んでいたが、まもなく「あそん」と訛り、そのまま定着した。「朝廷に最も近く仕える臣民」という意味である。第一位の「真人」は皇族に限定していたので、下賜されるカバネとしては事実上の最上位である。

八色の姓は以後一〇〇〇年以上続くことになるのだが、カバネが形骸化しても、右に示したように権威付けとして明治初頭まで用いられ、とりわけ「朝臣」は人気であった。時代が下ると、公家や武士のほとんどが藤原朝臣、源朝臣、平朝臣の子孫ばかりになってしまったので、文字通りの「形骸化」となったのは滑稽であろう。明治政府によって新たな階級として公爵・侯爵・伯爵・子爵・男爵の五爵位が定められて、公式に廃止されることとなったが、先祖が朝臣か宿禰であったことを系図に記すことは依然として歓迎された。

「宿禰」は「すくね」と訓読し、「おおね（大根）」に対して「すくね（少根）」とするもので、「おおね」は早くに消滅したが、主に武人に与えられた称号である。後世の大将・少将に相当する位階であろうと思われる。

「忌寸《いみき》」は当初は主に渡来系氏族の連の中から抜擢して与えられた。国造も約二〇氏がこの時に忌寸姓となっている。朝廷による渡来系氏族の区別を意図するものと考えられるが、これを第四位とすることで、渡来系氏族であっても朝廷に重用登用されていることを誇示する意図もあったと考えられる。位階褒賞を授与することによって、渡来系氏族を天皇の臣下として評価し慰撫することとしたのであろう。

「道師《みちのし》」は、下賜された記録がないため、対象となる氏族が何者であるのかも不明であるが、語意から推定されるのは「諸道の師」であるから、「さまざまな技術の指導者」との称号ではないかと思われる。

「稲置《いなぎ》」は、中央での下賜記録は見当たらないが、『日本書紀』には国造の下の官吏として数ヶ所に見られ、また『隋書東夷伝』の「倭国」に地方官として「伊尼翼《いなぎ》」の職名が録されているところから、地方には定着していた称号と考えられる。

皇別は特別枠か

『新撰姓氏録』は、平安時代初頭のヤマト人の血脈を浮き彫りにする記録である。このような氏族名鑑が八一五年に成立していることによって、ヤマト朝廷の統治体制の実態実相がかなり具体的に見えてくる。とりわけ興味深いのは、それぞれの氏姓に但し書きとして「氏神（氏祖の神名）」が記されていることであろう。氏族が氏祖神としている神々の血統は、実は各氏族の血統を示唆している。ヤマト朝廷を担い、日本という国家政体を運営する人々の本性である（一部に「なりすまし」も存在するが、研究者によっておおむね明らかになっている。たとえば皇別の吉田連は、孝昭天皇の子孫であると自認してここに名を連ねているが、もともと朝鮮系の渡来であることがすでに判明している）。

皇別の氏族数は三三五氏であるが、これは別の視点から見れば「天皇家一氏」ともとらえることができる。一二〇〇年前の日本においては、いかに巨大な氏族であったかわかるだろう。さらにここに、神別の天孫系一〇九氏も一族であるとして含めれば、合計は四四四氏となり、実に全氏族の三分の一以上を占めることになる。かつて、古代において、天皇家の力の源泉は「数」でもあったと理解される。

そして、共通言語であり、かつ公用語であった「ヤマト言葉」は、皇族（天皇一族）の言語であったということであるだろう。

その皇別においても最古の氏とされるのは紀伊国造の紀氏《き》である。『新撰姓氏録』においては左京皇別に紀朝臣、右京皇別に紀朝臣、河内国皇別に紀祝、紀部が収載されている。氏の名の通り本貫地は紀伊国であって、日前宮《にちぜんぐう》の宮司家でもある。天道根命《あめのみちねのみこと》を祖神としているが、アメノミチネは初代・紀伊国造である。

と、ここまではほとんどの資料が一致しているのだが、さてそれではアメノミチネはいずこからやってきたのかというと、二つの説がある。

『旧事紀（先代旧事本紀）』では、ニギハヤヒに同行した神。降臨の際に護衛として随行した三二神の一である。後に、ジンムへの国譲りにともなって紀伊国造に任命されることになる。

これに対して『紀伊続風土記』では、ニギハヤヒではなく、ニニギの降臨に随行したとする。その後、ジンムによって紀伊国造に任じられるのは一緒なのだが、ここだけが異なる。

ニギハヤヒか、ニニギか。いずれも天神なので素性ははっきりしているのだが、どちらの系譜かによって大きな違いがある。ニギハヤヒはジンムに国譲りして臣従したのだから、天神とはいいながら臣下なのである。

一方、ジンムはニニギの直系で、初代天皇（大王《おおきみ》）である。つまりニニギの子孫であれば、天皇家と同族ということになる。

しかし『紀伊続風土記』は、はるかに時代も下った江戸時代、天保一〇（一八三九）年に、幕府の指示によって紀州藩によって編纂されたものだ。つまり、政治的に利用される機会を与えられた文献なのである。「続風土記」ではそれまでの伝承と異なる「ニニギの降臨随行」としたが、これはアマテラス＝ジンム系に連なるための後世の作為によるものだろう。

紀氏は、天皇家に匹敵するだけの古い由緒がありながら、歴史的には一族の中から目立った地位に人の立つことがほとんどなかった。『紀伊続風土記』の編纂は、この名家にとってその来歴を世に知らしめる千載一遇のチャンスだったのだ。当時の紀州藩主・徳川斉順《なりゆき》は、御三卿の一である清水家から転出したもので、大きなチャンスと考えたとして不思議はない。

御三家の一として、紀伊紀州藩の威信を高めることは徳川宗家において自らの地位を高めることになる。領地も臣下もない御三卿と異なり、紀州は大藩である。ここに由緒も加わればさらに強い立場となる。しかも「紀」という氏姓は、日本で最も古く、最も由緒ある氏姓である。同等の由緒ある天皇家には公式には氏姓・苗字はないことになっているので、まぎれもなく紀氏が最も古い。

一般には『古今和歌集』の選者である紀貫之《きのつらゆき》の名で馴染みがあると思うが、紀氏は神代の昔から現代に至るまで文字通り連綿と続く氏族である。土佐の山内氏や肥後の細川氏、薩摩の島津氏などがどれほど名家だといっても、たがだか数百年のことだが、紀氏は初代が紀伊国造に、そして日前宮の宮司家としておよそ二〇〇〇年もの間、紀伊和歌山の地にある。これは、奇跡的な事実なのだ。

❖**日前宮《にちぜんぐう》**（名草宮《なぐさのみや》とも。日前《ひのくま》神宮・國懸《くにかかす》神宮の総称）　和歌山県和歌山市秋月

【主祭神】　日前神宮：日前大神

國懸神宮：國懸大神

【神体】日前神宮：日像鏡

國懸神宮：日矛鏡

では、皇別氏族の氏神神社は日前宮かというと、それよりもはるかに新しい鎮座である伊勢の内宮（皇大神宮）であることは論を俟《ま》たない。なにしろ、祭神が皇祖・アマテラス神であり、神体はその依り代たる八咫鏡《やたのかがみ》であるのだ。伝承に従えば、八咫鏡は、天の岩戸開きの際にアマテラスを映し出して輝いたもので、ニニギの天降りに際してアマテラスから授けられ、その後は宮中に祀られていたが、伊勢に遷されて鎮座されたものである。つまり、高天原→皇居→伊勢という来歴であるのだから、これ以上の保証はないということになる。社殿創建の時期にかかわりなく、神体のゆえに、ここが第一の氏神社ということになるだろう。

❖**皇大神宮《こうたいじんぐう》**（通称　内宮《ないくう》）　三重県伊勢市宇治館町

【祭神】天照坐皇大御神　（配祀）天手力男神《あめのたぢからおのかみ》　万幡豊秋津師比売命《よろずはたとよあきつしひめのみこと》

なお、伊勢に次いで、「皇室の宗廟《そうびょう》」として古来、皇室から特別な崇敬を受けているのは大分の宇佐神宮である。皇室みずから宗廟と称しているのであるから、氏祖の陵墓ということであろうと私は解釈している（参照、拙著『アマテラスの二つの墓』河出書房新社）。

※宇佐神宮《うさじんぐう》（通称　八幡様《はちまんさま》）　大分県宇佐市南宇佐

【祭神】応神天皇　多岐津姫命《たぎつひめのみこと》　市杵嶋姫命《いちきしまひめのみこと》　多紀理姫命《たぎりひめのみこと》　神功皇后

皇別には紀氏の他にもいくつかの神道系の祭祀氏族の名が見える。吉備氏、住吉氏、物部氏、尾張氏など、神別には比較すべくもないが、古豪氏族の顔ぶれが見える。ただ、いずれも氏神の大社を祀ってはいるが、皇統の保証はない。

また、『新撰姓氏録』成立の前後から歴代天皇が特定の寺院にも帰依することが多くなっていき、皇別と神道との関係は希薄になっていく。

皇別には不思議な現象も見て取れる。巻末の一覧をご覧いただければ気付くのではないかと思うが、皇別の氏族名には中世以降に活躍した名前（歴史に名を刻んだ氏族名）がほとんど見当たらないのだ。古代史にはその名をとどめているものの、その後現代に至るまで、歴史に名を残すような事例はきわめて少数である。これはいったいどうしたことだろう。

朝廷に最も重きをなす「真人」四四氏をご覧いただきたい。

左京皇別　卅氏

息長真人《おきながのまひと》　山道真人《やまじ》　坂田酒人真人《さかひと》　八多真人《はた》　三国真人《みくに》

路真人《みち》　守山真人《もりやま》　甘南備真人《かんなび》　飛多真人《ひだ》　英多真人《あがた》

大宅真人《おおやけ》　大原真人《おおはら》　島根真人《しまね》　豊国真人《とよくに》　山於真人《やまのえ》

吉野真人《よしの》　桑田真人《くわた》　池上真人《いけのえ》　海上真人《うなかみ》　清原真人《きよはら》

香山真人《かぐやま》　登美真人《とみ》　蜷淵真人《みなぶち》　三島真人《みしま》　淡海真人《おうみ》

三園真人　笠原真人《かさはら》　高階真人《たかしな》　氷上真人《ひかみ》　岡真人《おか》

右京皇別　十一氏

山道真人《やまじ》　息長丹生真人《おきながのにう》　三国真人　坂田真人　多治真人《たぢひ》

為名真人《いな》　春日真人《かすが》　高額真人《たかぬか》　当麻真人《たいま》　文室真人《ふんや》　豊野真人《とよの》

山城国皇別　一氏

三国真人《みくに》

大和国皇別　一氏

酒人真人《さかひと》

摂津国皇別　一氏

為奈真人《いな》

ほぼすべての氏が、この後、歴史の陰に埋没して行く。天皇を直接に補佐し、朝廷を成り立たせている殿上人は、ほぼすべてがまもなく入れ替わるということである。政治も軍事も祭祀さえも、ことごとく「神別」と「諸蕃」によって取って代わられることとなる。はっきりとした政変が起きたような記録はないのだが、政体内のこの変化は明らかに〝政変〟であろう。『新撰姓氏録』は、日本の歴史に「武士の時代」が出現する前に「神別の時代」があったことをどうやら教えてくれているようだ。

「神別」の底力

「姓氏録」を概観すると、当時の国家の主権が「皇別」とりわけ「真人」にあったことは疑いない。

しかし同時に、すでにして神別にこそ本質的な統治力が備わっていたことも明確に浮かび上がってくる。つまり、政体の名目上の主権は「皇別・真人」にあると見せながらも、実際に政務を担当していたのは「神別」であるという構造である。神別氏族全四〇四氏の中でも筆頭格である「左京神別」八二氏に限っても錚々たる顔ぶれである。

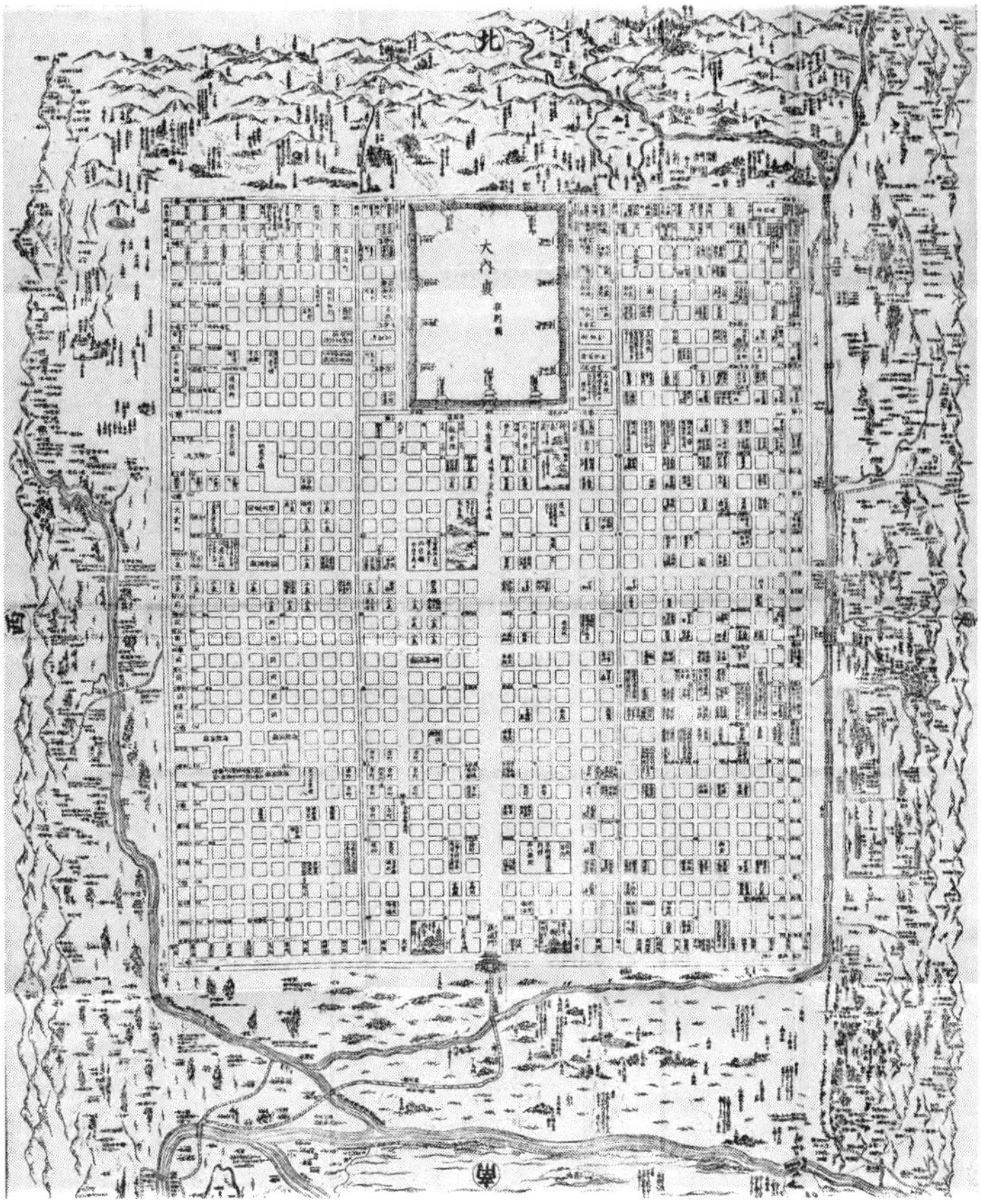

平安京古図『花洛往古図』(国際日本文化研究センター蔵)

左京神別上　卅八氏

天神

藤原《ふじわら》朝臣　大中臣《おおなかとみ》朝臣　中臣酒人《なかおみのさかひと》宿禰　伊香《いか》連　中臣宮処《なかとみのみやところ》連
中臣方岳《なかとみのかたおか》連　中臣志斐《なかとみのしひ》連　殖栗《えぐり》連　中臣大家《なかとみのおおやけ》連　中村《なかむら》連
石上《いそのかみ》朝臣　穂積《ほづみ》朝臣　阿刀《あと》宿禰　若湯坐《わかゆえ》宿禰　舂米《つきしね》宿禰
小治田《おはりた》宿禰　弓削《ゆげ》宿禰　氷《ひ》宿禰　穂積《ほづみ》臣　矢田部《やたべ》連
矢集《やつめ》連　物部肩野《もののべかたの》連　柏原《かしはら》連　依羅《よさみ》連　柴垣《しばがき》連
佐為《さい》連　葛野《かどの》連　登美《とみ》連　水取《もいとり》連　大貞《おおさだ》連
曽禰《そね》連　越智《おち》直　衣縫《きぬぬい》造　軽部《かるべ》造　物部《もののべ》　真神田曽禰《まかみだのそね》連　大宅《おおやけ》首　猪名部《いなべ》造

左京神別中　廿三氏

天神

大伴《おおとも》宿禰　佐伯《さえき》宿禰　大伴《おおとも》連　榎本《えのもと》連　神松《かみまつ》造
日奉《ひまつり》連　県犬養《あがたのいぬかい》宿禰　大椋置始《おおくらのおきそめ》連　雄儀《おぎ》連　竹田《たけだ》連
掃守《かにもり》連　小山《おやま》連　畝尾《うねび》連　久米《くめ》直　浮穴《うきあな》直
宮部《みやべ》造　間人《はしひと》宿禰　爪工《はたくみ》連　多米《ため》連

天孫

出雲《いずも》宿禰　出雲《いずも》　入間《いるま》宿禰　佐伯《さえき》連

左京神別下　廿一氏

天神

伊勢《いせ》朝臣　弓削《ゆげ》宿禰　若倭部《わかやまとべ》

天孫

尾張《おわり》宿禰　尾張《おわり》連　伊福部《いおきべ》宿禰　湯母竹田《ゆおものたけだ》連　竹田川辺《たけだのかわべ》連

石作《いしつくり》連　檜前舎人《ひのくまのとねり》連　榎室《えむろ》連　丹比須布《たじひのすふ》　但馬海《たじまのあま》直

大炊刑部《おおいのおさかべ》造　坂合部《さかいべ》宿禰　額田部湯坐《ぬかたべのゆえ》連　三枝部《さきくさべ》連　奄智《あんち》造　額田部《ぬかたべ》

地祇

弓削《ゆげ》宿禰　石辺《いそべ》公

『新撰姓氏録』には氏族それぞれの具体的な職掌が示されているわけではないが、『日本書紀』その他の資料と照合すると、政治や軍事を掌握する中臣氏や大伴氏、また文化や祭祀に深く関わる弓削氏、丹比氏、出雲氏、尾張氏など、この後に実務面で主導的役割を果たす氏族の顔ぶれがここにそろっている。平安時代に入ってまもないにもかかわらず、すでに彼らが実質的に国家を動かしていたことが推測される。本書の主役は、彼ら「神別」なのである。

しかし本書で指摘しようとする重要な点は他にもう一つある。収録されている全一一八二氏の内訳をもう一度みてみよう。

●皇別　三三五氏

●神別　四〇四氏　天孫系　一〇九氏

天神系　二六五氏

地祇系　三〇氏

●諸蕃　三二六氏　漢　一六三氏

百済　一〇四氏

高麗　四一氏

新羅　九氏

加羅　九氏

●畿外（未定雑性）　一一七氏

お気付きと思うが、「諸蕃」つまり「渡来人」の比率が異様に高い。ご覧の通り「渡来人」すなわち「在日外国人」が三二六氏であって、実に二八％にも及んでいる。しかも、先述したように「なりすまし」も存在したことが明らかなので、実数はさらに多いだろう。

ちなみに「渡来第二期」（神功・応神期）に、数千人が渡来したと『日本書紀』「応神」にある（第一期は弥生時代形成期）。この時に、弓月君《ゆづきのきみ》、阿直岐《あちき》、王仁《わに》、阿知使主《あちのおみ》などが渡来した。弓月君とは秦氏の氏祖、阿知使主は東漢《やまとのあや》氏の氏祖である。阿智王は七姓漢人（朱・李・多・皀郭・皀・段・高）と共に渡来したと同記録にある。

言うまでもないが、現代の日本では「氏族」という区分けは存在しないので、参考までに国籍別内訳を法務省のホームページで確認してみよう。二〇一九（令和元）年六月末の在留外国人数は、約二八三万人である。全日本国民に占める比率は二・二％である。

①中華人民共和国　約七九万人
②韓国　約四五万人（うち特別永住者は約三〇万人）
③ベトナム　約三七万人
④フィリピン　約二八万人
⑤ブラジル　約二〇万人

ただし、技能実習生が約三七万人、留学生が約三四万人おり、そのほんどがベトナム、フィリピン、ブラジルであって、中共と韓国は少数にとどまっている。つまり、政財界その他、日本社会に定着しているのは中韓が中心で、両者を合計しても一％にも満たない。それでも日常的に在日外国人と出会う確率は相当高くなっているのはご存じの通りである。政界にも財界にも芸能界その他にも、ごく当たり前のように在日外国人を目にするようになっている。

これが『新撰姓氏録』の時代のように二八％にもなるとすれば、単純に考えて現在の三〇倍ほどになるということである。平安時代初期の頃の京の都は、ある意味では東京など比較にならないほどの「国際都市」であったとも言えるだろう。そしてその実質的な維持者は「神別」である（具体的には第三章以降で述べる）。氏祖に神々を戴くことを血統上の保証としている人々こそが、平安時代以降の日本の歴史をつくりあげるのである。

神仙たらんと渡来した「諸蕃」の実態

ところで、日本人を日本人たらしめているものの一つは、まぎれもなく「神道」であろう。あえて神社神道というように限定してもよいが、神社神道は日本以外には存在しない。厳密にいえば、日本人と共にあるので、日本以外であっても日本人のいるところには神社神道は存在すると言ってもよいだろう。

神社本庁のホームページには「海外神社」として次のように紹介されている。

「先の大戦までに創建された海外神社のほとんどは現在残されていませんが、ハワイやブラジルなどに建てられた何社かは、今もそこで日系人などによりお祭りが続けられ、なかには参拝者へ御守や御朱印の授与をしている神社もあります。

また最近ではアメリカやヨーロッパで、神道に親しみを持つ現地の方が建てた「神社」もあるようです。

いずれも日本国外の神社は神社本庁と直接の関係はありませんが、遠く海を越えた先でも人々は神様との縁を感じて生活しています。」

海外神社とは、海外の当該国にとっては「日本人が渡来して建てた神社」すなわち「渡来信仰」ということになる。日本における「神道以外の信仰」と同様の位置づけになる。いずれにせよ、神社神道と日本人のアイデンティティは切り離せないものである。

ところが実は、神社の発生や、流布・浸透には渡来人が深く関わっている。

拙著『一宮の秘密』（方丈社）で私がピックアップした古社四八社は、その信仰の本質が「縄文の血脈」であると述べたが、それではその後、渡来人および渡来の信仰はどのように影響したのか。長年月にわたって全国に無数に勧請《かんじょう》あるいは創建されてゆく神社、また私たちが馴染んできた全国のほぼすべての神社の、実は少なからぬものが渡来の影響下で発展してきたものなのだ。

『新撰姓氏録』に明確に記録されているように、渡来人の筆頭は秦氏《はた》である。その代表格といえば、漢系氏族の**太秦公宿禰**《うずまさのきみ》であるだろう。雄略天皇の時に一族の首長の秦酒公《はたのさけのきみ》が絹を織って献上したことから、禹豆麻佐（うずまさ）の姓を賜わった。後に太秦の字をあてたという。居住地は今なお京都太秦として地名に残る。松尾神社や伏見稲荷神社を氏神とし、広隆寺を氏寺とした。

秦氏は渡来氏族の中でもとくに力を持っていた一族で、左京右京ともに数も多く、それだけ広範な社会的影響力を保有していた。秦氏の中心的人物である弓月君《ゆづきのきみ》は、秦の始皇帝の直系三世孫を称している。第三章でもあらためて触れるが、「祭祀」への影響も大きく、最多の神社信仰として周知の稲荷信仰は、右に示したようにもともとは秦氏の氏神である。

❖**松尾**《まつのお》**大社**（通称　松尾さん）　京都府京都市西京区嵐山宮町

【祭神】　大山咋神《おおやまぐいのかみ》　中津嶋姫命《なかつしまひめのみこと》

神社由緒にはこうある。

「当社は京都最古の神社で、太古この地方一帯に住んでいた住民が、松尾山の神霊を祀って、生活守護神としたのが起源といわれます。五世紀の頃朝鮮から渡来した秦氏がこの地に移住し、山城・丹波の両国を開拓し、河川を治めて、農産林業を興しました。同時に松尾の神を氏族の総氏神と仰ぎ、文武天皇の大宝元年（七〇一）には山麓の現在地に社殿を造営されました。都を奈良から長岡京、平安京に遷されたのも秦氏の富と力によるものとされています。従って平安時代当社に対する皇室のご崇敬は究めて厚く、行幸数十度に及び、正一位の神階を受けられ、名神大社、二二社に列せられ、賀茂両社と並んで皇城鎮護の社とされました。」

ちなみに秦氏みずからは先に示したように朝鮮系ではなく「漢系」と称している。

それにしても、奈良平城京から長岡京、平安京へと遷都をおこなった国家的大事業が「秦氏の富と力によるもの」との記述通りであるとすれば、その実力はとてつもないもので、ともすれば天皇家をも凌《しの》ぐほどのものであったのかもしれない。

❖伏見稲荷大社《ふしみいなり》（通称　おいなりさん）　京都府京都市伏見区深草藪之内町

【祭神】宇迦之御魂大神《うかのみたまのおおかみ》（配祀）佐田彦大神　大宮能売大神《おおみやのめのおおかみ》　田中大神　四大神

ご存じ、全国最多の神社・稲荷神社の総本社である。全国に四万社以上鎮座すると言われているが、小さなものは街角の祠から個人の屋敷神に至るまで無数に祀られており、その実数は不明である。「日本三大稲荷」と称されるものも、伏見稲荷以外は名を挙げる者によって豊川稲荷や最上稲荷、笠間稲荷、祐徳稲荷などさまざまで、しかも豊川稲荷は曹洞宗、最上稲荷は日蓮宗の寺院である。いずれにしても、それらの大本は伏見稲荷である。

稲荷信仰は、もともとは字義通り「稲なり」という農耕豊作の神である。祭神の宇迦之御《うかのみ》魂大神《たまのおおかみ》は穀物とりわけ稲の神霊を意味するもので、いわば典型的な弥生神である。

ところが、農耕には無縁の秦氏が信仰するようになって以来、また都という土地柄もあって商業神に変貌した。現世利益といういかにも商人に歓迎されそうな新しい信仰は、わかりやすさと親しみやすさで瞬く間に流行し、古き神々はそのさまをひっそりと見守るばかりであった。はるか後発の江戸でさえ、最盛期の様子について「伊勢屋、稲荷に、犬の糞」などと韻を踏んで歌われたほどである。

その流れの上に京都祇園祭りも生まれている。八坂神社の祇園祭りは、本来は神道信仰とは無縁のもので、祇園神も異国の神である。平安京は異国渡来の信仰に占領された街なのだ。

『新撰姓氏録』を見ると、渡来人の比率が異様に高いと思われるが、実は『新撰姓氏録』が対象としなかった「畿外氏族」も渡来の比率はけして低いとは言えない。正確なデータは存在しないので、その数値は提示できないが、海辺に近い主な神社は渡来人によって祀られているものが少なからず存在する。しかもこれらの宮司家は同時に国造でもあったから、当該地域における統治者であって、その一族は繁栄していたと考えられる。渡来であるから畿内では思うような出世も難しいが、地方ならば実力次第という事情もあったのだろう。

その典型は、土佐の長宗我部氏であろう。『新撰姓氏録』にはその氏姓は見られないにも関

伏見稲荷大社

松尾大社

わらず、土佐を本貫地として勢力を広げ、ついには四国全土を平定し支配する。その独特の名・長宗我部からあたかも土佐の古い豪族であるかのように誤解されるが、血統は渡来人の秦氏である。秦河勝は丁未《ていび》の乱（五八七年）の戦功により信濃に所領を得た。河勝は長子・広国を赴任させるが、都および朝廷との関係は確保。そのつながりで保元の乱（一一五六年）に参戦したが、敗退。土佐に落ち延びて新たな名を称したものである。

ちなみに、『新撰姓氏録』に見える主な渡来系氏族を挙げておこう。

文《ふみ》氏（宿禰、忌寸など）は、もっとも古い漢系の帰化氏族。後漢霊帝の子孫を称し、秦始皇帝の裔と称する秦氏とならび称せられる。応神天皇時代に渡来し、朝廷に文筆で仕えた。阿知《あちの》使主《おみ》は東漢氏《やまとのあやうじ》の祖に、王仁《わに》は西漢氏《かわちのあやうじ》の祖となった（「あや」の語源は「文」）。**木津忌寸**は阿知使主の後裔。**武生《たけふ》宿禰**は王仁の後裔。

山代《やましろ》忌寸は、魯国の白竜王（北燕第三代天王の馮弘とも）の子孫とされる渡来系氏族。

大崗《おおおか》忌寸は、魏の文帝の後裔を称し、倭絵師として仕えた。

楊侯《やこ》忌寸（陽侯史のち陽侯忌寸）は、隋の煬帝の子孫である達率楊侯阿子王の末裔を称する渡来系氏族。陽侯麻呂《やこのまろ》は、奈良時代に大隅国守に任じられている。姓は史。

和　薬使主《やまとのくすしのおみ》は、下賜された姓そのものが呼称となったもの。飛鳥時代に渡来人・善那が孝徳天皇に初めて牛乳を献上し、その功により和薬使主という姓を得たものと記されている。牛乳は当初「薬」であった。

なお、和泉国神別の地祇に長公とあるが、これは　阿波国・長《なが》国造（直）の裔であって、長氏は、東漢《やまとのあや》氏の裔の東漢長直より発している。


秦氏とは別の意味で歴史的重要人物として名高いのが、右京諸蕃・漢の**坂上大宿禰**《さかのうえのおおすくね》である。坂上氏は渡来氏族の代表格でもある東漢氏の支族であるが、一族はさまざまな技術によって財務・外交・文筆等に重用され、六〇家以上にも繁栄した。カバネは「直」であったが、出世して六八一（天武一〇）年には「連」となり、六八五年に「忌寸」となる。

壬申の乱で武功のあった坂上老《さかのうえのおきな》以来、武人としても評価があり、その孫の犬養は聖武天皇に武芸の才を認められて正四位に昇格、そしてその子の苅田麻呂は七六四（天平宝字八）年、恵美押勝の乱に功績あって「大忌寸」となる。その後、上表して一族十氏十家を「宿禰」姓とし、苅田麻呂の子・田村麻呂が蝦夷征討に大功あって、ついに七九七年には征夷大将軍・正三位大納言となる。渡来の諸蕃としては異例中の異例である。

田村麻呂は、大柄で、顔は赤く、髭は黄色であったと伝えられている。そのほかにも数多くの多様な伝承伝説が生まれている。田村麻呂が創建したという寺社はきわめて多数に上る。五四歳没。その遺骸は、勅命により、甲冑に身を固め、立ち姿のまま東を向いて埋葬されたと伝えられる。死してなお、皇城守護となっている。なお、娘の春子は桓武天皇の後宮へ入り、葛井親王を生んでいる。

ちなみに、諸蕃氏族はいくつかの由緒系統によって氏族群が見られる。

「周王の後裔」

「秦始皇帝の後裔」

「漢の高祖の後裔」

「後漢の霊帝の後裔」

「魏帝の後裔」

など。

また、「百済」は本国の滅亡もあって、多くの帰化があった。

他は少数ながら、高麗、新羅、任那からの帰化氏族がある。

京都は「日本人の心のふるさと」なのか

平安京は、その後千年以上にわたって都であり続け、いつごろからか「日本人の心のふるさと」として、すべての日本人から愛されるようになった。小中学校の修学旅行の行く先でも地元以外では京都が人気ナンバー・ワンで、日本人であれば人生一度は京都へ行かなければならないような風潮さえ醸成されてしまった。近代になって、その〝姿〟が世界的に知られるようになってからは、「最も日本的な街」として諸外国からも認識されるようになっている。

しかし、ほんとうにこの地は「日本人の心のふるさと」なのだろうか？　右に示したように、ある意味では渡来系氏族に席捲されたように思えるが、その実情はどうなのだろう。


イタリアの外交官で学者でもあったロマノ・ヴルピッタは、日本浪曼派の研究書『不敗の条件―保田與重郎と世界の思潮』（中央公論社）のなかで、このように述べている。

「京都は、俗に言われているように日本人の共通の〝ふるさと〟のような存在ではなく、大和の国を継承し、日本の文化が形成された〝みやこ〟である。」

保田與重郎は、日本浪曼派の中心人物であって、日本文化を尊重することにおいては人後に落ちない。また生まれ故郷の奈良桜井を深く敬愛していたが、京都の街にはどうやら違和感を抱き続けていたようである。異国の友に対して「京都と大和の違い」を語っている。

むろんこのような指摘は今に始まったことではない。そもそも平安京の当初からのコンセプトは「唐・長安の都の模倣」である。その形容は「丹楹粉壁《たんえいふんぺき》」であることは、あまりにも有名だ。すなわち宮殿は「赤い柱、青い瓦、白い壁」であり、その中央には「黒檀の玉座」がしつらえられて、風水思想の朱雀（赤）、青龍（青）、白虎（白）、玄武（黒）という四神四色を体現したものである。

京を目指す者は「上洛する」ということになっているが、これは「洛陽の都へのぼる」ということである。洛陽とは長安と並び称されるシナの首都で、世界的な王城鎮護の都である。

ちなみに、コロナ騒動でシナ人の観光客は京都からみごとに消え失せたが、それまで溢れかえるほどに蝟集《いしゅう》していた彼らの口から「本国にもほとんど残っていない唐のおもかげが京都にそのまま再現されている」としばしば聞いた。

ヤマトが、国際都市へと脱皮変貌するには、その当時国際的に最も繁栄していた唐の都に倣《なら》うのが最も早い方法であったのだ。

現代でも同じようなことは世界中でおこなわれていて、パリやロンドン、ニューヨークを模倣する都市は一時期世界中に出現したし、一〇〇〇年以上前に東洋の果ての島国に長安や洛陽の都を再現させたのは、むしろ先見の明があったとも考えられる。


いずれにせよ、京都は「日本人の心のふるさと」というような場所ではなく、新たに政治的に造形された首都である。自然発生的に生まれた街ではなく、きわめて人為的に意図的に設計されたものであって、それでも本来の風土の力によってまもなく、市街地の西側部分（大極殿を含む洛西全域）は打ち捨てられた。そして、設計上は人外魔境であるはずの東部地域に実質的な街の中心が移ってしまったのは周知の通りである。現在、京都御所のある場所は元は土御門邸であって、ここは都の東北の隅である。つまり、本来であれば御所を建設するなどありえない都の「鬼門の角」である。

なお当初、宮殿のあった場所は「大極殿跡」という石碑が建つばかりの公園になっていて、京の中心地であった面影はまったくない。朱雀大路の北端に当たるわけだが、公園の南側一帯にもそのような賑わいはまったくなく、ありふれた住宅街が広がるばかりである。

そもそも京都は、「神社の街」であるよりも「寺院の街」である。都市としての建設は寺院を配置することから始まっている。羅城門の左右を固める東寺と西寺がその代表であるが、以後歴代の天皇や皇族、将軍家の意向もあって、多くの寺院が次々に建設されたのは周知の通りである。

しかしながら、土俗信仰の原型である神奈備《かむなび》（信仰の山岳）ははるか古代から存在するし、それにともなう神道信仰もおこなわれているが、平安京という都市の建設には直接の関係はない。むろん建設思想そのものが仏教・道教（風水）に基づくものであるのだから当然と言えば当然であるが。

たとえば賀茂別雷神社の神山《こうやま》、愛宕神社の愛宕山、日吉社の比叡山、いずれも仏教の渡来よりはるか以前より霊地聖地としてこの地に存在しており、むろん神社建築なるものが出現するよりはるか古き昔よりすでにあつく信仰されていた。

❖**賀茂《かも》別《わけ》雷《いかづち》 神社**（通称　上賀茂《かみがも》神社）　京都府京都市北区上賀茂本山
【祭神】　賀茂別雷神
【神体山】　背後の神山《こうやま》

❖**愛宕《あたご》神社**（通称　愛宕さん）　京都府京都市右京区嵯峨愛宕町
【祭神】　稚産日命《わかむすびのみこと》　埴山姫命《はにやまひめのみこと》　伊弉冉尊《いざなみのみこと》　天熊人命《あめのくまひとのみこと》　豊受姫命《とようけひめのみこと》（配祀）　雷神《いかずちのかみ》　迦倶《かぐ》槌命《つちのかみ》　破無神《はむのかみ》　大國主命《おおくにぬしのみこと》
【神体山】　社殿が山頂に鎮座する愛宕山

❖**日吉《ひよし》大社**（山王総本宮）　滋賀県大津市坂本
【祭神】　大己貴神《おおなむちのかみ》　大山咋神《おおやまいくのかみ》
【神体山】　西側一帯に聳える比叡山

勘違いされているのは京都ばかりではない。善光寺、成田山、奈良、高野山、熊野那智、などなど、これらはある時期に渡来の信仰が破壊と征服によって新たに作り上げた街である。参考までに挙げておくと、日本人の心のふるさととも言うべき場所は、いまもなおそのおもかげを残している地域である。

たとえば、山形県の出羽三山神社山麓の羽黒村落や、神奈川県の大山《おおやま》阿夫利《あふり》神社参道、長野

京都・愛宕山山頂の愛宕神社

滋賀・日吉大社大鳥居

県の戸隠神社神域の戸隠地方、長野県の諏訪大社前宮周辺、和歌山県の熊野本宮町、徳島県の剣山山麓の東祖谷《いや》地区（中腹に大剣神社）、兵庫県の丹波篠山など。

なお、「諸蕃」は「神々の子孫」とは記されていない。あくまでも「異国の王の子孫」である。

むろんその王たちにも「神話」はある。秦氏の祖たる始皇帝は「神をも凌ぐ皇帝」の称号を創始し、漢の初代王・劉邦は「龍の子」という伝説があって、その子孫たちから多くの国の創始者が派生している。

また、シナの歴代皇帝たちは、皇帝として即位するに際して「封禅《ほうぜん》」という儀式をおこなったが、これは「神と同化」するという秘祭である。封禅とはひとえに三皇五帝の神々に連なるためであった。秦始皇帝が最終的に不老不死の妙薬を神仙界に求めたのも、生きながらにして神となる方途を求めたからに他ならない。そして始皇帝が徐福を東海の神仙郷へ派遣したように、諸蕃（主に漢人）の人々は渡来した。すなわち渡来の時期はそれぞれであっても、いずれも「東海の蓬莱山」を目指した人々である。より古き時代はヤマトは神仙界、富士山は蓬莱山と考えられていたのだ。

つまり、古代ヤマトへの渡来人とは、神々の仲間入りを企てた人々のことである。

彼らが日本各地で神社を創建しているのは、神々に近づくための入り口としてである。

『新撰姓氏録』が当初立案撰進された際には、「神別・皇別・諸蕃」の順であったことはすでに判明している。それが最終的な編纂時には「皇別」が最初となって「神別」と入れ替わっている。

これについては諸説あって、佐伯有清氏は、あまり意味はない、と重視していないのだが、私はあらためて「神別」優先をこそが、そもそもの方針であったと考えたい。

根拠は、本文における神別の記述が「天神・天孫・地祇」の順に明確に区分けされていることである。これは全体構成とはあきらかに矛盾するもので、もし「皇別」を最優先することが大前提であったなら、神別における区分も「天孫・天神・地神」の順でなければ整合しないだろう。

そしてその考え方こそは、天武天皇がおこなった多くの偉業に共通する根源の思想だからである。あえて一言だけふれておくならば、「天皇」（大王《おおきみ》ではなく）という存在の発明に直結するものである。

たとえ天孫であろうとも、血統上その大もとは何かといえば天神に発することは言うまでもないことで、であるならば、皇別も、大もとは神別より発しているのであるから、本書の構成は「神別・皇別・諸蕃」となるのが理の当然というものであるだろう。当初の発議においては、桓武天皇は素直にそのように構成するつもりであった。しかしながら完成を見ずに崩御することとなり、引き継いだ嵯峨天皇は「天皇の理念」に拘泥せず、ただひたすら天皇の権威、皇族の権威を高めることにした結果、神別と皇別を単純に入れ替えたものではあるまいか。

しかしながら、皇別と神別の構成を入れ替えるだけのことであれば簡単のようであるが、連動して各項の天神・天孫をも入れ替えるとなると編集上の大きな負荷をともなうことになる。作業の過程で、各氏族への確認や了解がどの程度おこなわれていたか不明であるが、少なくとも有力氏族への確認は必須であったはずである。しかもこの時代にそのような手続きは電話一本で済むようなことでないのは言うまでもない。編纂実務者が、名だたる有力氏族の意向を確認せずに掲載順や上下関係をいじることなどできようはずがないだろう。

つまり、そういった煩雑かつ膨大な手続きをやり直さなければならないことになるのだ。最終案が嵯峨天皇の意向であったか否かも判然としないのだが、完成の直前になって、なんらかの理由で「皇別」を第一にすることが至上命令となったのだろう。ただし、神別の項目内をも変更する物理的余裕はなかったのではないか。その結果が、全体構成と項目内構成の矛盾・非整合という形で残ったものであるだろう。

皇別筆頭の四四氏がすべて「八色の姓」で最高位である「真人」になっているが、それがその結果なのか、あるいは筆頭に真人が占めているゆえに皇別そのものを最上位と位置付けたのかは不明である。

しかし「天神」優先こそは、天武帝の思想を体現するものであって、その痕跡は「神別」の項目内構成に明らかである。『新撰姓氏録』に限らず、天武天皇によって発案された思想体系は、すべて「神事が第一」なのである。奇しくも、『新撰姓氏録』の構成の齟齬《そご》が、そのことを証明したということでもある。皇別も、いわば「神別の天孫の一枠」にすぎないということである。ただしその「一枠」は量も質も桁違いに特別であるが。

ここでは原典に従い皇別優先の構成のまま取り上げるが、本来の編纂方針は、「天神第一」であったのだとあらためてここに明示しておきたい。そしてこのことは、重大な意味を持っている。

日本神話の神々は実在した

ところで私は、日本神話に登場する神々は基本的にすべて実在したと考えており、アマテラスもスサノヲも、そういう人物がかつて実在していて、亡くなると神になり、崇められるようになったと考えている。私は神職（いわゆる神主）でもあるので、そういう立場の人間がこういう主張をおこなうのは不謹慎であるという人もいるだろう。しかしちょっと待ってもらいたい。神道では、人は死ぬと神になるのだ。あなたも私も、死後は神として祀られる。死の瞬間まで用いていた名前の後に「命《みこと》」を付して、その時から神となる。以後は、永遠にその家系・

子孫の守護神となる。仏教で死ぬと「仏《ほとけ》」になるのと考え方としては同様だ。

ただし、その「神」や「仏」という概念が何を意味するかは人によってさまざまな見解があるだろう。神道では、すべての人間が神からの命令、すなわち「みこと（御言）」を受けた者であり、それをおこなう者「みこともち」であるとする。死して「命」の尊称が付されるのは、神上がりしたとの考え方からきているとされる。つまり、神になる、あるいは神に還るということである。だから、東郷平八郎も乃木希典も死後は神として神社に祀られた。

❖**東郷神社**　東京都渋谷区神宮前
【祭神】東郷平八郎命

❖**乃木神社**　東京都港区赤坂
【祭神】乃木希典命　（配祀）乃木静子命

東郷平八郎命も乃木希典命も、当たり前だが生前は人であった。そして彼らのような一部の偉人は、多くの崇敬者によって祀るための神社が建立されるが、それ以外の人々も各家々の祖霊舎などに合祀される。そして以後永遠に祖先神として子孫を守護する神となる。これが神道の考え方である。「氏神」は、かつてそのようにして神となった氏族の祖先のことである。

繰り返すが、神道では人が死ぬと神になる。すなわち、神は生前に人であったのだ。この論理を、神によって区別する理由はない。あるいは「天神（天つ神）は特別」と詭弁を弄してはならない。同じ神を「天」と「地」とに分けたのは、まさに特別感を意図的に醸成しようとしたものであるだろう。こういった神話の構造は、関係性や力学を物語るものではあっても、神々の本質ではない。前提として、神は平等に神であろう。そして死した人が神として祀られたものであるだろう。だから、神話の神々はかつて実在した人であるとする。これは、私が神道人であるからこそ言えることである。もし「神々は実在しなかった」と言う人がいるならば、その人こそはむしろ神道人ではないと言うべきだろう。日本人でないとは言わないが、少なくとも神道人ではない。

日本民族は、仏教が渡来するはるか以前から祖先を神として祀り、その守護を祈る暮らしを続けているのだ。全国に遍在する無数の神社こそはその証しである。なお、神道には「自然信仰」という側面があって、山や川、湖、樹木、岩などの自然物、あるいは光や風といった自然現象を神として信仰する。しかしそれらの神も、元は人であって、その遺徳や霊威をそれぞれの自然現象と関連づけて一体化したものと私は考えている。しばしば言われるような「自然現象を擬人化した」ものではなく、人を自然現象に関連付けたものと考えている。菅原道真が雷神と一体化したのはその典型だ。

ただしこの考え方は、わが国の神話についてのみの感想である。他国の神話は、必ずしもそうではないだろう。最初から超越的存在すなわちgodとして創造された場合もあるだろうし、人類の想像力の産物としてさまざまな潤色もおこなわれてきただろう。日本でも、仏教が輸入されて、いわゆる神仏習合が始まってからは、本地垂迹《ほんちすいじゃく》説などにも見られるように、後付けで「新しい神話」「新しい伝承」がさまざまに創造された。神社の祭神についての縁起は、この際に膨らませたものが少なくない。

そのため仏教色を取り除くと本来の神社伝承が見えてくるというケースもしばしば見受けられる。これもまた、神道や神社を誤解させる要因の一つとなっている。

拙著『スサノヲの正体』（河出書房新社）他でもたびたび紹介しているが、「スサノヲ朝鮮渡来説」は事実誤認である。伝承・神話等に「初めにスサノヲと、その子・イソタケルは、新羅の国・曽尸茂梨《そしもり》に降臨した」とあり、しかし「この国には居たくない」と言って、すぐに土で船を造って、東に船出して、出雲に渡っている。

この記述は、「高天原から新羅に天降りしたが、新羅には居たくないということで、船で出雲に来た」ということだ。

つまり、スサノヲ、イソタケル父子は、「高天原からの渡来神」である。そして新羅・曽尸茂梨に一度は降り立ったが、「この国は吾居らまく欲せじ」とはっきり言っている。この言葉は、新羅が故国故地ではないことを明示している。むしろ、はっきりと「拒否」「否定」しているのだ。これは、この後の「種蒔き」の記述とも相乗して、新羅・曽尸茂梨を婉曲に非難しているると受け取れる。一時的にせよ降臨して滞在した彼の地において、よほど忌避すべきことがあったのだろうと想像するに難くない。さもなければ、このような記述をする必要もなく、またあえて去る必要もないはずである。

なお、右に「高天原からの渡来」と書いたのは、むろん不用意にそうしたわけではない。高天原を天国と思っている人はまさかいないと思うが、私はすべての神はかつて人として実在したと考えているので、その人が渡来の人であるならば、どこの地から渡り来たったのか当然知りたい。文脈から考えて、この場合の高天原は海の向こうであって、新羅を経由するところに位置すると考えられる。すなわち、朝鮮半島の彼方にある大地のどこかということになるだろう。スサノヲ、イソタケルは、そこからやってきたのだ。

日本神話には、ヒルコ神話のずっと後の段に、流されたヒルコが、あたかも流れ着いたかのような記述で突然出現する神がいる。天磐船《あめのいわふね》で降臨するニギハヤヒだ。この神も記紀には記述がきわめて少ない。にもかかわらず、とんでもなく重要な位置にある。ヒルコは生まれるとすぐに船に乗せて流されてそれだけだが、ニギハヤヒは船に乗って出現して、きわめて重要な役割を果たす。ジンムへの「国譲り」である。ニギハヤヒは、天孫族の前の統治者であるが、同様の位置付けの出雲族とは決定的に異なる。そのキーワードは「天神」と「神器」である。

オオクニヌシを王とする出雲族は天神の系統ではない。また、それゆえに〝政権交代〟の論理が成立する。しかしニギハヤヒは記紀によって保証付きの天神である。しかもアマテラスから「神器」を託されて降臨しているのだ。これではジンムへの政権交代＝国譲りに説明がつかない。記紀がその点について一切の説明をおこなっていないのは、それが不可能であるからで、もし多少強引にでも説明が可能ならば触れずにはおかないだろう。編纂者の藤原不比等には、あらゆる弁解や言い訳を総動員してでも主旨を正当化する必要があるのだから。

わが国の神々をひとくくりに呼ぶときに「天神地祇《てんじんちぎ》」という。これは「天神」と「地祇」であって、いわば「天の神」と「地の神」である。ここからさらに踏み込んで、天神は高天原の出身、地祇はもともとこの地にいた土着の神、という意味で用いている。「天つ神」「国つ神」という言い方もする。ちなみに国学者の本居宣長は「天に坐《まし》ます神、又天より降坐《くだりませ》る神」が天神であり、「此国に生坐《なりませ》る神」が地祇であるとした。

近年はこういった概念を象徴的に、あるいは比喩的に解釈して、天つ神は渡来の神、国つ神は土着の神と解釈するのもおこなわれるようになっている。天つ神は「天」から九州・高千穂に降臨したが、東へ攻めのぼり（東遷）、大和に君臨していた国つ神を打ち破って従えた。これ以後、国つ神は出雲へ封じられる。——この政治構造を説明するために作られた用語であると考えることもできるだろう。ニギハヤヒとオオモノヌシとを同一神だとする説がある。これまでこの説が決定的な説得力を持たなかったのは、この概念が大前提にあるからだ。

そもそもニギハヤヒは「天神＝天つ神」であって、オオモノヌシは「地祇＝国つ神」である。日本神話において異名同神は少なくないが、その名によって天つ神であったり国つ神であったりするものは他にはない。この矛盾を解決できなければニギハヤヒとオオモノヌシ同一神説は成り立たない。ニギハヤヒに象徴される神話体系は、実は天孫降臨に先んじた建国神話である。

そして、ジンムから始まる新たな建国神話は、オオモノヌシに象徴させることで幕を閉じることができる。オオモノヌシが大和の神であるにもかかわらず「国つ神」とされているのは、架空の存在だからである。ジンムは、オオモノヌシの娘・ヒメタタライスズ姫と婚姻することで王権を引き継いだ。オオモノヌシはニギハヤヒの言い換えであるから、つまりジンムはニギハヤヒの娘と婚姻したということである。

記紀のニギハヤヒは記述が少なすぎる。少ないことには少ないだけの理由がある。しかし『旧事紀』には多くの記述が見られる。すなわち記紀では少ない記述とした理由があり、『旧事紀』ではニギハヤヒ神話を克明に記す必要があったのだ。そして『天皇記』『国記』を焚書した中大兄皇子・中臣鎌足にとっては、ニギハヤヒの記録は極力減らす必要があったのだろう。

言霊《ことだま》の幸《さきわ》う国

日本語と共に、「神道」の起源についても突き詰めておかなければならないだろう。「神道」と言っても、その意味・概念は用いる人によってかなり異なり、学説としてもその概念が定まっているとは言い難い。神道を論ずる際には時代ごとに区分するのが苦肉の策として採用されていて、いわく、古代の神道、中世の神道、近世の神道、近現代の神道、といった区分である。たとえば現代の神道は明治期に確立された「神社神道」がベースであるのだが、戦後の政教分離や宗教法人法などの直接的な影響で（なにしろこれらは神道がターゲットであったのだ！）、さらに変化を遂げている。つまり、たかだか百数十年の間でも、江戸時代の「神仏習合神道」や「吉田神道」から、明治の「国学神道（俗に〝国家神道〟とも）」、そして戦後の「宗教法人神道」へと激変しているのだ。

歴史をさらにさかのぼれば「神道」は時代と共に変化変遷し続けており、「神道」というものが、海外の「一神教」のような固定された信仰ではないことがわかるだろう。よく言えば柔軟であり、誤解を怖れずに言えば原始的（宗教以前）でもある。

しかし実は、そのような万華鏡のような「神道」にも、不変の一貫する本質がある。「神道」を論ずるのであれば、そこにこそ焦点を当てなければならないだろう。それは、何かといえば、「縄文人の信仰（縄文時代の神信仰）」である。これこそが「随神道《かんながらのみち》」であって、古代より現代に至るまでのすべての時代の神道にも引き継がれている本質であり原形である。これに比べれば、社殿建築や儀礼祭祀などは二義的な要素に過ぎない。そして、「かんながら」とは和訓であり、ヤマト言葉である。これに対して「しんとう」は漢語であり、漢音である。

「随神《かんながら》」とは、惟神、神随、乍神、神長柄、神奈我良、可牟奈我良とも表記される。神のままに、神として、神であるがゆえに、神の意志のままになどと解釈されている。」（『神道事典』國學院大学日本文化研究所）

これらに「道」を付けることによって神道そのものを意味する言葉として使われるようになったのは明治に入ってからであって、わが国にはもともと「神道《しんとう》」という言葉はなかった。神道は漢語であり音読みであるから、古い言葉でないことは言うまでもないが、それは、必要がなかった、ということでもあった。そのものをあえて呼称する必要もないほどに自然にあったということである。他の何ものかと区別する必要もなかったのだ。

しかし仏教が入ってきたことによって、対抗上呼び名が必要になった。その時の私たちの祖先の意識は、「神代の昔から続く信仰心」という意味で「かんながらのみち」と呼んだ。そしてさまざまな漢字が充てられた。それから長い時間が経過して、最もシンプルな形の「神道」に落ち着いた。

「神道という語は、《易経》の観の卦の彖伝《たん》に、〈天の神道を観るに、四時忒《たが》はず。聖人神道を以て教を設けて、而うして天下服す〉とあるのが初見とされ、人間の知恵では測り知ることのできない、天地の働きをさす語であった。そしてその後、神道の語は、道家や仏教の影響下で宗教的な意味を持つようになり、呪術・仙術と同じような意味でも用いられた。漢字・漢語の受容によって表記が可能になった日本では、《日本書紀》の編述に際して、用明天皇即位前紀に〈天皇、仏法を信《う》けたまひ、神道を尊びたまふ〉とあり、孝徳天皇即位前紀に〈(天皇)仏法を尊び、神道を軽《あなず》りたまふ。生国魂社の樹を斮《き》りたまふ類、是なり。人と為《な》り、柔仁《めぐみ》ましまして儒を好みたまふ〉と見えるように、神道という語が、仏教、儒教に対して土着の信仰をさすことばとして用いられている。」（大隅和雄『世界大百科事典』平凡社）

古代史、神話を考究すれば、やがては「縄文の神」というテーマにつながってゆくのは必然のことであろう。日本の神・日本の信仰が、この風土に根差していることは当然だが、そのことは現代に生きる私たちが古来、風土によって呪縛されてきたことを意味する。ここでいう呪縛は、束縛されるというようなネガティブな意味もあるのは否定しないが、ポジティブに造形されてきたという意味をおおいに賞揚したい。

私たち日本人は、縄文の血脈を確かに受け継いでいる。縄文の血脈をアイヌや隼人、琉球などに限定するのは誤りで、広く日本人全般に受け継がれている。

その証左は「ヤマト言葉」にある。

もし渡来の異民族によって征服され、縄文人が駆逐されたとするなら、言語も入れ替わらなければならない。しかし、そのような事実はなく、私たちは縄文人と共通する「ヤマト言葉」を今なお用いている。ヤマト言葉こそは、縄文時代から弥生以後のすべての時代を貫いて私たちを日本人たらしめている源泉である。この力を「コトダマ（言霊・言魂）」という。

本居宣長をはじめとする国学者たちが『古事記』をもっとも尊重したのは、そこには他の歴史書と違って、古代日本人の無垢な心や素朴な言葉がそのままそっくり記されていると考えたためである。このような〝心ある言葉〟には「霊力」「神威」がそなわっているとされ、これを古くから「コトダマ信仰」と呼んできた。コトダマとは言霊、言魂などと記す。日本は「言霊の幸《さきわ》う国」であって、言葉の霊力が幸福をもたらす国、美しい言葉によって幸福がもたらされる国とされる。『新約聖書』に、「太初《はじめ》に言《ことば》あり。言《ことば》は神とともにあり、言《ことば》は神なりき。」

本居宣長六十一歳自画自賛像（本居宣長記念館蔵）

（「ヨハネ伝」）とあるのも同じ次元の信仰であろう。

神道で「祝詞《のりと》を奏上するのは、神と人との橋渡しを、その霊力によってなすという意義がある。仏教で「読教《どきょう》」するのも基本的には同じはずで、いずれもたいへん耳に快い響きをもっている。これは、極限にまで昇華され凝縮された言葉のもつメロディー、そしてリズムといったものの効果である。すぐれた音楽が人間の心を突き動かすように、すぐれた言葉も魂を呼び覚ます。そして、言葉には計算しきれない力がある。だから、言葉は神のもの、また神の意志であるとも考えた。

欧米にも古い文学形式で「ソネット」などの韻律詩はあるのだが、日本の「短歌」ほどにきわめられたものではない。「短歌」は、「歌道」と称して、単なる「言葉遊び」以上のものにまで達したことも、その証左であるだろう。すなわち、言葉は人間によって発せられるが、ひとたび発せられたなら、今度は発した人間自らを揺動するほどの〝力〟をもつ。そしてこの信仰、この思想は、別に古い言葉だけに限らない。たとえば文学作品一つをとってみても、すぐれた作品の言葉使いや形式なども同様であり、さらには言葉そのものさえが時代とともに移り変わる。しかし、それでもその本質を見失うことがなければ、言葉の〝力〟も失われることはない。

古い文学作品、たとえば『万葉集』や『源氏物語』は、現代人が読んでも十分に感動が伝わってくる。しかし、どこまで行っても、その時代に生きた人々の感動をそっくりそのまま追体験することは不可能であろう。私たちは、どのみち「私たちの万葉集」「私たちの源氏物語」としてしか体験できないということで、それは言語のもつ「時代性」の宿命である。もし仮に、「古い日本語」ばかりを良しとするなら、さらに「古い」日本語の源（ウラル・アルタイ語系といわれる）はいっそう良いということになる。それならば、その源からは「万葉言葉」「縄文語」さえもが新奇であって、否定せざるを得なくなる。それは、すなわち「神」を「人」が限定する振る舞いで、これほどの矛盾はない。「コトダマ」を、人間が限定することはできようはずもない。

とは言いながら、どんな言葉でも同じ「コトダマ」があるということではない。すぐれた言葉には「すぐれたコトダマ」が、また聞き苦しい言葉には「悪しきコトダマ」がともなうはずで、だからこそ「言葉使い」は「その人そのもの」である。ものは試しで、目を閉じて他人の誰彼が話すのを聞いてみるとよい。とくに意識的に話すのでない限り、おおむねその人の本性が現れる。したがって「言葉使い」に意を用いるなら、その人間も変わる。むろん、それは単なる技術の問題ではないのだが、技術だけでもある程度までは変わるはずである。それだからこそ「コトダマ（言霊・言魂）」という。

「カミ」の誕生

本居宣長の「カミ」についての定義・概念を紹介しよう。大著『古事記伝』の三之巻に収載されているものである。神々の事績である『古事記』を研究するのであるから、何よりもまず「カミ」という言葉の定義・概念を究明するのは当然である。

「さて凡《すべ》て迦微《かみ》とは、古《いにしえ》の御典《ふみ》等《ども》に見えたる天地の諸《もろもろ》の神たちを始めて、其《そ》を祀《まつ》れる社に坐《いま》す御霊《みたま》をも申し、又人はさらにも云《い》はず、鳥獣《とりけもの》木草のたぐひ海山など、其余何《そのほかなに》にまれ、尋常《よのつね》ならずすぐれたる徳《こと》のありて、可畏《かしこ》き物を迦微《かみ》とは云なり（省略）。抑《そもそも》迦微は如此《かくのごと》く種々《くさぐさ》にて、貴《たふと》きもあり賤《いや》しきもあり、強《つよ》きもあり弱《よわ》きもあり、善《よ》きもあり悪《あし》きもありて、心も行《しわざ》もそのさまざまに随《したが》ひて、とりどりにしあれば、（省略）大かた一むきに定めては論《い》ひがたき物になむありける。」

これは「本居宣長の神の概念」としてしばしば引用、紹介されるくだりである。しかし、前後を読めばわかることだが、これは宣長独自の論ではない。これまでに日本人が神としてとらえてきたものがいかなるものであったかを概説あるいは解説しているに過ぎない。右に示したように文頭は「さて凡《すべ》て」で始まるのだが、これをカットして「迦微《かみ》とは」から引用する例がほとんどである。そのために、あたかも宣長が神についての独自の見解を述べているかのように見えてしまうが、むろんそうでないことは「さて凡《すべ》て」を付けてみれば一目瞭然の、近頃流行の捏造ニュースと似た手法である。これまでに日本において出現している神の概念を網羅して分類解説しているに過ぎないのだ。これ以下のくだりにさしたる独自性はなく、淡々と整理しているだけのことである。宣長の作法とはもともとそういうもので、学者の姿勢としてきわめて正当なものであろう（ちなみに私は学者ではないので、意図的に逸脱して独自の推論を立てるのを本意としている）。

ただ、宣長は、日本人が歴史的にとらえてきた「多様な神概念」を肯定的に追認しているとも解釈できる。「歴史的にはこのように多様であったが、私は斯《か》く斯《か》く然々《しかじか》ととらえている」というような展開は見当たらないので、この「まとめ」がそのまま宣長の神概念と考えて誤りではないだろう。これについて私にはとくに異論はない。きわめて正統的な整理であると思われる。

現在流布している多くの辞典辞書類も、「かみ（神）」の項での記述はこの宣長の記述に依拠しているようである。

たとえば『大言海』（冨山房）は次のように記している。

かみ　神

（一）形は目に見えずして、霊《みたま》あり、幽事《かんごと》を知《しろ》して、奇霊《くしび》にましますものの称。後には、無上自在の威霊《いきおい》ありて、世の禍福を知《しろ》し、人の善悪の行為に、加護、懲罰したまうとて、崇むべきものの意とす。耶蘇教にては、宇宙を創造し支配すというもの。

（二）御歴代の天皇の尊称。現人神《あらひとがみ》にましませばなり。

（三）すべて人智にては測り知られざること。

（四）神代に、すべて、功徳ありし方方の称。何の命、某の命と申す、是れなり。

（五）聖賢、英雄などの、逝去の後に、其霊魂《たましい》を祀ることの称。

（六）すべて、荒ぶる者、恐ろしき龍蛇、豺狼、虎豹などの称。

（七）鳴雷《なるかみ》の略。いかづち。かみなり。

以下は『日本国語大辞典』（小学館）。

かみ【神】

①宗教的、民俗的信仰の対象。世に禍福を降し、人に加護や罰を与える霊威。古代人が、天地万物に宿り、それを支配していると考えた存在。自然物や自然現象に神秘的な力を

認めて畏怖し、信仰の対象にしたもの。
②神話上の人格神。
③天皇、または天皇の祖先。
④死後に神社などに祀《まつ》られた霊。また、その霊の祀られた所。神社。
⑤キリスト教では、宇宙と人間の造主であり、すべての生命と知恵と力との源である絶対者をいう。
⑥雷。なるかみ。いかづち。
⑦人為を越えて、人間に危害を及ぼす恐ろしいもの。特に蛇や猛獣。

以下は『広辞苑』（岩波書店）。

かみ【神】
①人間を超越した威力を持つ、かくれた存在。人知を以てはかることのできぬ能力を持ち、人類に禍福を降すと考えられる威霊。人間が畏怖し、また信仰の対象とするもの。
②日本の神話に登場する人格神。
③最高の支配者。天皇。
④神社などに奉祀される霊。

⑤人間に危害を及ぼし、怖れられているもの。
イ、雷。なるかみ。
ロ、虎・狼・蛇など。
⑥キリスト教で、宇宙を創造して支配する、全知全能の絶対者。上帝。天帝。

それぞれ一行だけキリスト教（あるいは西欧）の神観念を記述しており、それが「支配者」「絶対者」であるのが共通している。それに対して、日本の神は必ずしもそうではないということがよくわかる。また、これらの定義のうち、後世人為的に定められたものを除けば、日本人の神の概念や定義、観念等は、縄文時代から不変であることが理解される。すなわち、『大言海』の（一）の前半と（三）（六）（七）、『日本国語大辞典』の①⑥⑦、『広辞苑』の①と⑤である（傍線部分）。

なお、『日本国語大辞典』には補注として、以下が見える。

「〈神〉の語源を〈上〉とする説がかつて行われたが、〈神〉のミが乙類であるのに対し、〈上〉のミは甲類であるところから別語と考えられる。」

しかしその後の研究で、「隠（カム）」から、「上（カミ）」も「神（カミ）」も両方別々に誕生・成立したという説が唱えられ、これが今ではほぼ定説となっている。つまり「隠れた（亡くなった）人」が「神」になるという神道の基本は「カミ」の語がすでにして示しているということであるだろう。

第二章——海人族《あまぞく》の渡来

……波の彼方からやってきた神社信仰

海人族、ヤマトへ

海人族は、文字通り海の彼方より渡来した者である。各地の首長的氏族となって、国造を称し、地祇を奉斎することによって神別に組み込まれた、あるいは自主的に神別の一員となった。すなわち、「ヤマトの神々の子孫」として列せられたのである。本来の拠点は地方各地であるが、朝廷の役務によって畿内にも居を構え、『新撰姓氏録』には畿内の記録のみ録されている。

国造で、同時に古社大社の社家である氏族は次の通り。

❖山城国／山背久我国造／久我氏（直）★久我神社社家
❖河内国／凡河内《おおしこうち》国造／凡河内氏（忌寸）★河内國魂神社・坐摩《いかすり》神社社家
❖尾張国／尾張国造／尾張氏（連）のち千秋氏 ★熱田神宮大宮司家
❖三河国／穂国造／穂氏または磯部氏 ★砥鹿《とが》神社社家
❖伊豆国／伊豆国造／伊豆氏（直）のち日下部氏（直）★三島大社社家
❖武蔵国／无邪志《むさし》国造（胸刺《むなさし》国造）／无邪志氏（直）★大國魂神社・氷川神社社家

❖美濃国／三野前《みののさき》国造／三野氏（美濃氏）（直）　★南宮《なんぐう》大社社家

❖同　右／三野後《みののしり》国造／美濃後氏　★伊奈波《いなば》神社

❖飛驒国／斐陀《ひだ》国造（飛驒国造）／斐陀氏　★飛驒一宮水無《みなし》神社社家

❖信濃国／科野《しなの》国造／科野氏のち金刺《かなさし》氏・他田《おさだ》氏（舎人）　★諏訪大社下社社家

❖同　右／洲羽《すわ》国造／洲羽氏（直）のち諏訪氏　★諏訪大社上社社家

❖陸奥国／阿尺《あさか》国造／丈部《はせつかべ》氏（直）　★安積国造《あさかくにつこ》神社社家

❖越前国／角鹿《つぬが》国造／角鹿氏（直）　★氣比神宮宮司家

❖丹波国・丹後国／丹波国造／丹波氏（直）・海部氏　★籠神社宮司家

❖因幡国／因幡国造／因幡氏・伊福部氏　★宇倍神社社家

❖出雲国／出雲国造／出雲氏（臣）　★出雲大社社家

❖隠岐国／意岐《おき》国造（隠岐）／隠岐・億伎氏　★玉若酢《たまわかす》命《みこと》神社社家

❖備中国／加夜《かや》国造／香屋氏（臣）　★吉備津神社禰宜家

❖紀伊国／紀国造／紀氏（直）　★日前《ひのくま》神宮・國懸神宮社家

❖同　右／熊野国造／熊野氏（直）　★熊野本宮大社社家

❖豊前国／宇佐国造／宇佐氏（公）　★宇佐神宮大宮司家

❖肥後国／阿蘇国造／阿蘇氏（君）　★阿蘇神社社家

❖日向国／日向国造／諸県《もろがた》氏（公）・宮永氏　★宮崎神宮社家

宇佐神宮本殿

（巻末の『諸国国造一覧』を参照）

これら二三氏はすべて渡来であり、またその多くは海人族の血統である。また、公式には社家と認定されていなくとも、海人族起源と推認される国造はこの他にも複数ある。

かつて海は陸上よりもはるかに発達した交通路であった。とくに日本では四方を海に囲まれているだけでなく、瀬戸内海という穏やかな内海を抱えていることで、その一帯は一つの交流圏であった。政治的にも経済的にも一体で、古くからその主導権を担っていたのは海部《あまべ》一族である。海部とは、その名の通り元々は「海の仕事に携わる人々」のことで、漁業および操船航海術によって朝廷に仕えた品部《しなべ》の一つだ。記紀の応神朝に「海部を定めた」とあるところから、対朝鮮半島の水軍兵力として、とくに海人《あま》を組織することが求められたからと思われる。全国各地の海部を朝廷の下で伴造《とものみやつこ》として統率する役割を果たしたのは、同族の阿曇連《あづみのむらじ》や凡海連《おおしあまのむらじ》であった。「あづみ」は「あまつみ」の転訛で、本来は「海人津見《あまつみ》」であろう。つまり、海人族の監督者である。

阿曇連や凡海連も渡来系の氏族であるが、言ってみれば海人族とは海洋民族のことである。したがって、基本的に陸地民族とは異なる規範を持っている。とくに古代においては、陸上の道よりも海上の道のほうがはるかに利便性が高く、これを特権的に利用活用する海洋民族は、地理観や規模観もより巨視的で、ある種の国際性を先天的に身に付けていたと思われる。陸がつながっていなくとも、海がつながっていれば一つの経済圏であるというのは、一種の国際性である。

ある時期、海人族は世界各地に雄飛するが、陸地の政権との軋轢から分断と定着を余儀なくされる。日本においても同様で、「あま」の音に因《ちな》む地名が全国の沿岸地域に数多く残っているのはその名残だろう。海人族が、古代から日本文化に深く関わっていたのは間違いない。なかでも品部の呼び名がそのまま氏の名となっている丹後海部氏は、文化史の上でもよく知られている。

丹後の籠神社《このじんじゃ》は、海部氏が代々宮司を務めるものだが、『籠《こ》名神社《みょうじんじゃ》祝《はふり》部《べ》氏《うじ》系《けい》図《ず》』（通称「本系図」)、『籠《こ》名神宮《みょうじんぐう》祝部《はふりべ》丹波《たんば》国造《くにのみやつこ》海部直《あまべあたい》等氏《とううじ》之《の》本紀《ほんぎ》』(通称「勘注系図」)という家系図によれば、海部氏の祖神は天火明命《あめのほあかりのみこと》(彦火明命《ひこほあかりのみこと》)であり(『日本書紀』)、丹後の籠《この》神社の祭神である。

海部氏は、古代よりその丹後一帯を支配域とする海人族であるとされるが、同祖同族は長い間に広く各地に勢力を得た。なかでも籠神社の海部氏は、丹後国の国造であり、宮司家でもあった。

同族の尾張氏も尾張の国造となり、熱田神宮の大宮司家を代々務める。また津守《つもり》氏もその地の有力者であり、住吉大社の代々の宮司家である。その地の最大の有力氏族が祭祀家でもあるというのは、早くも古代には定着していたので、海人族が各地で実力者として定着したことがよくわかる。

そもそも「国造」とは「くにのみやつこ」「こくぞう」等と読む古代の称号である。「国」を治める「御奴(天皇の部下)」という意味に発すると推測されるが、この場合の国の単位は各地さまざまで明確な行政区分があったわけではない。後に令制で整備された区画でみると郡や県に相当するものであったと推定される。すでにその地で支配的立場となっていた豪族が朝廷に帰順したことによって国造に任じられたものが大半で、『国造本紀』によれば主に第一二代景《けい》行《こう》天皇から第一九代允恭《いんぎょう》天皇の時代にかけて任じられている。国造に任じられる際には、同時に臣・連・公（君）・凡直（直）などのカバネも下賜された。地方官というよりも、連邦制の独立国家に近いもので、軍事権や裁判権等の自治権を保有していた。

各地の有力豪族とは、地理的に一つの行政区画としてとらえられた地域の軍事権・裁判権などを一手に持つ者をいう。対象範囲は後世の「郡」に相当するものが過半で、藩や県に相当するものも一部存在した。ヤマト政権の統治下にある地方自治体の統一単位である。

『国造本紀』（九世紀成立とされる『先代旧事本紀』巻一〇）に記録された国造は、全国に一三五氏である。そのうち海人族の血統は公式には二十数氏とされるが、実態はそれよりはるかに多い。私は、過半数の国造が海人族の血統であろうと推定している。

海部氏（籠神社）、尾張氏（熱田神宮）、津守氏（住吉大社）、宗像氏（宗像大社）、宇佐氏（宇佐神宮）、上毛野氏（赤城神社）、伊豆毛氏（出雲大社）、角鹿氏（福井・氣多大社）などは、さまざまな証左から海人族であると認められる。いずれも、海辺の津（港）を拠点とする海運に長けた者たちであって、早くに列島全域で海のネットワークを構築した。古代においては、陸路などとは比較にならぬほど海路は有効であった。「島嶼《とうしょ》の集合体」ともいうべき日本列島は、海人族にとって活躍するための格好の条件を備えていたのだ。

国造の多くは早くから全国各地の「津」を押さえ、強力な「横のネットワーク」を構築。各地の「津」を拠点に繁栄した一族であるが、弱点は「縦のネットワーク」であった。

一方、ヤマト朝廷は、「縦のネットワーク」構築にひたすら邁進し、内陸の盆地という自然の城塞城郭に拠点を建設する。これが日本における中央集権の始まりである。ヤマト朝廷がようやく「津」の重要性に気付くのは、国内が比較的安定して、海外との交易や戦闘を重視するようになってからである。

なお、「国造」そのものも古代のカバネの一種であるが、ヤマト朝廷によってそれぞれの国造に各種のカバネが別途与えられ、格付けがおこなわれている。それらは主に公（君）、臣、連であった。

国造となった海人族は、氏祖を神として祀ることによって、自らも神の子孫であると位置付けた。元々の一族にはなかった思想である。神仙郷を目指してヤマトへ渡来した人々は、そうすることによって神々の仲間入りを果たしたのであろう。「諸蕃」が「神別」へ同化する端緒がここにある。

丹後国国造の海部氏は、応神天皇の御代に渡来した呉人に発する。ルーツはシナ江南である。海部はその名の通り、古より水運と水軍を統括して発展してきた一族である。東は常陸《ひたち》、安房から、西は筑紫《つくし》、日向《ひゅうが》に至るまで、千年余にわたって海の上のことはすべて海部のものであった。しかし渡来の一族であるところから、この国の「陸のこと」には関与せず、ひたすら「海のこと」に徹してきたのだが、そのことでかえって集約されて特別な力を持つことになったのは皮肉であった。

しかし海部はあくまでも渡来人であって、氏祖神として祀る神に天神を戴くわけにはいかない。熱田神宮も籠神社も住吉大社も祭神伝承に曖昧な部分があるのはそのためなのだが、ここでは西宮神社をはじめとするエビス信仰についてのみ触れておく。

エビス神には神話由来の神格がなかった。そのため、「水」関連をはじめとするつながりを求めていくつかの神が習合の候補になったのだ。コトシロヌシやヒコホホデミもその一つである。そして海人族たちは各地でヒルコを選んだ。それが夷三郎《えびすさぶろう》である。本来別々の神であったものが、信仰の担い手の願望によって連結された。エビス神のみでは天つ神にも国つ神にも入らないが、ヒルコとなれば少なくとも神話に由来する神として列せられる。全国各地のエビス信仰の中でも、その習合神をヒルコとしているところは紛れもなく海人族の定住地である。エビス神は、商業神として広まるよりも古くから、その地では海人族の子孫たちによって祀られてきたものだ。

雅楽に『還城楽《げんじょうらく》』という曲がある。『見蛇楽《げんじゃ》』が元の名称であったとされ、その音読が訛って当て字されたものだろう。奇怪な朱色の面を着けた舞人が蛇を見つけて欣喜雀躍する様を一曲にしたものである。

この怪奇の面は、いったい何者であろうか。真っ赤で、大きな鼻の異相であるといえば、私はサルタヒコを思い浮かべる。

サルタヒコは、天孫ニニギノミコトが地上へ降臨した時に、道案内に立った国津神である。

長身で赤ら顔の異相は後に天狗に擬えられ、現在でも祭りの神事行列は先頭に必ず天狗面の神が立つが、これがサルタヒコである。伊勢に住まいし、アメノウズメと夫婦になるが、阿邪訶《あざか》（現松阪市）の海で漁をしていた際に、比良夫貝《ひらふ》（平貝）に手を挟まれて溺れて死んだと、伝えられている。日常的に漁撈をおこなっていたことから、海人族もしくは縄文系の土着人種であったと推察される。農耕民族であるヤマト人は蛇をあまり喜ばないが、海人族や縄文人は古くから親しんでいる。しばしば神の化身として崇められ、薬喰いの慣習もあった。

朝廷は、海部に都合のよい『日本書紀』のみを公式に遵法するように仕向けておけばよかったのかもしれない。日本人の神話観は、歴史的には第一に『日本書紀』によって形成されて、次いで『旧事紀（先代旧事本紀）』の影響が中世以降の神話観に寄与している。『古事記』が日本神話のスタンダードとされるようになるのは、この二書から大きく遅れて、江戸時代も後半に入ってからのことだ。もっぱら本居宣長の評価によるところが大きいだろう。明治に入って『古事記』第一になるのも、国学者たちによる復古神道が維新の原動力の一つになったからである。

いまでこそ『古事記』神話がスタンダードであるかのように思われているが、朝廷が『古事記』を秘匿したのは、当然ながら理由あってのことだ。しかし、その理由が何なのかは今以て判明はしていない。ただ、それが『日本書紀』と『古事記』の相違点にあるであろうことは容易に推測される。

ところで、蛭子、蛭兒は、いずれも「ヒルコ」とは訓読するが、「エビス」とは読まない。蛭は訓読みで「ヒル」、音読みで「シツ」「テツ」。むろん「エビ」とも読まない。したがって、ヒルコがエビスと習合したのは、神話記述からの連想によると考えるのも無理はない。ヒルコの神名からは、どのようにしてもエビスにはつながらないのだ。言うまでもないことだが、すべての神名表記の漢字は後付けである。記紀のいずれの表記であっても、文書化する際に借りた文字に過ぎない。

『古事記』は万葉仮名という漢字の借字法によって「発音」を重視した。

そして『日本書紀』は漢字本来の意味を重視することによって借字をおこなった。手法は異なるが、どちらも借字である。たとえばお馴染みのヤマトタケルノミコトは次のように記される。

倭建命――『古事記』（七一二年成立）

日本武尊――『日本書紀』（七二〇年成立）

「倭」も「日本」も、ともにわが国の国名であるが、記紀成立の八年の間に、理由があって変更された。「ヤマト」という音がまずあって、それに当初は「倭」の字を充てた。これは、漢の朝廷から下賜された文字である。おそらくはみずから「ワ（和・輪）」の国と名乗ったのに対して、「倭」の字を与えられたものだろう。周辺国を呼ぶのに「卑字」を与えるのは中華思想の常道である。小柄で、なにかといえばお辞儀をする日本人を「矮小な種族」と勝手に決めつけて、矮小の意味である「倭」の字を押しつけたものだろう。

ヤマト朝廷がその本当の意味に気付くのは『古事記』が完成した後であった。だから『古事記』では倭建命と記されていて、『日本書紀』では日本武尊と記されているのだ。『古事記』のわずか八年後に完成した『日本書紀』では、表題に「日本」を用いていることからも、その自負のほどがわかるだろう。もう「倭」とは呼ばせない、という自負である。

このように漢字はどこまでも借字であって、言葉の本来の意味を探るのであれば漢字の呪縛から解き放たれなければならない。厩戸皇子が国書に「日本」と記したのは、まさに漢字の呪縛から解き放たれて、「ヤマト」の音に、意味として相応しい「日ノ本」の文字を充てたということである。すなわち漢字表記語の中では「日本」は、数少ない「和語」である。しかしほとんどのヤマト言葉は、漢字を借字して記されている。

したがってヒルコに「蛭」の文字を使っているのも後付けであると考えるべきだろう。記紀の編纂方針がそうであったという証左であって、ヒルコの本来の姿を探すためには、「蛭」の文字に惑わされてはならない。「蛭」がイメージさせるものは、記紀編纂者の誘導である。ゆえあって貶めるための罠である。

ヒルコは本来「蛭」の文字とは無関係であり、むしろ貶めるための卑字として押しつけられたものだろう。さながら、漢の朝廷がヤマトの国に対して「倭人」「邪馬台国」「卑弥呼」のような卑字を押しつけたように（なお、エビス信仰そのものについて興味をもたれた方はどうぞそちらの研究書を参照されたい）。

予断抜きに日本神話に向き合えば、水蛭子と天照大神は兄妹である（『古事記』『旧事紀』）。あるいは、大日孁《おおひるめの》貴《むち》と蛭児は姉弟である（『日本書紀』『旧事紀』）と言える。これらの並記による違和感は、漢字による誤誘導である。

音だけを取ってヒルコとアマテラス、オオヒルメとヒルコ、とすればいかがだろうか。どこまでいっても漢字は借り物であるのだから、その見かけに惑わされてはならない。とくに神名は漢字の呪縛から解放されなければ本来の意味を見失う怖れがある。

アマテラスの本名はオオヒルメであって、「オオ」は修飾語であるので、すなわち名は「ヒルメ」である。

もう一度繰り返すが、ヒルコとヒルメは兄妹であると『古事記』に書かれている。『日本書紀』では姉弟となっている。『旧事紀』には、両方書かれている。いずれにしても同じ親を持つ男女であるということである。

ヒルコとヒルメの意味を解釈するために、他の文字に置き換えてみよう。それぞれの音から発想するもので、古代文化の原点にあるものだ。

ヒルコ——ヒルヒコ——昼比古・昼彦——日子
ヒルメ——ヒルヒメ——昼比売・昼媛——日女

ヒルコとはヒルヒコであろう。漢字を借りるなら昼彦となる。

そしてヒルメとはヒルヒメであろう。漢字を借りるなら昼媛（姫）。

すなわち日本人の古風な名前に用いられるヒコ・ヒメの語源こそは、ヒルコとヒルメであろう。古来ヤマト言葉で男子をヒコ（比古、彦）といい、女子をヒメ（比売、媛）というのは、ともに「ヒ」の子であるという意味であろう（姫・比咩も同じ）。すなわち「太陽の子」である。

そしてここで着目すべきは、ヒルコもヒルメも和語すなわちヤマト言葉であるということである。漢語は輸入された言語だが、それ以前から使われている言語こそはヤマト言葉である。日本では漢字に音読みと訓読みがあるが、訓読みがヤマト言葉に基づいているものだ。

海部国造と「十種神宝《とくさのかむだから》」

籠神社の祭神とされるニギハヤヒは天神である。記紀の神武編において本文中で神武天皇が確認するくだりが明記されていることからも明らかである。天神たることの証しであるアマテラスから授かった神宝を見せ合うことで互いに確認するものである。

ニギハヤヒは、『古事記』では邇芸速日命《にぎはやひのみこと》、『日本書紀』では饒速日命、『先代舊事本紀《せんだいくじほんぎ》』では天照国照彦天火明櫛玉饒速日尊《あまてるくにてるひこあめのほあかりくしたまにぎはやひのみこと》と記される。天孫・邇邇芸命《ににぎのみこと》の兄である天火明命《あめのほあかりのみこと》と同一神とされる。ニギハヤヒが第一子で、ニニギが第二子である。ということは神武天皇は次男の系譜ということになるので、長子相続ではなかったことも記紀に明記されている。

ちなみにニニギは、『古事記』では天邇岐志国邇岐志天津日高日子番能邇邇芸命《あめにぎしくにぎしあまつひこひこほのににぎのみこと》、『日本書紀』では天饒石国饒石天津彦火瓊瓊杵尊《あめにぎしくにぎしあまつひこほのににぎのみこと》などと表記する。ニニギの天孫降臨は、日向国の高千穂の峰に降るというものである。降る様についての但し書きはとくにない。

これに対してニギハヤヒの天孫降臨は、天磐船《あめのいわふね》に乗って空からやってくるというものだ。記紀、本紀の全編を通じて「空を飛んで出現する」のはニギハヤヒのみである。またその乗り物である天磐船も、他には一切登場しない。飛行する乗り物自体が他には例がない。これはいったい何を意味するものなのか。

ニギハヤヒは、丹後宮津の籠神社《このじんじゃ》に祀られている。籠神社は丹後国一宮であり、式内社（名神大）。また旧社格は国幣中社（現、神社本庁の別表神社）。別称は、籠宮大社、元伊勢大神宮、一の宮大神宮、内宮元宮ともいう。日本三景の一つである天橋立は、元々は籠神社の参道であったともいわれている。

❖籠神社　京都府宮津市字大垣

【祭神】彦火明命《ひこほあかりのみこと》（別名）天火明命《あめのほあかりのみこと》　天照御魂神　天照国照彦火明命　饒速日命《にぎはやひのみこと》

（配祀）天照大神　豊受大神　海神　天水分神

籠神社の神宝は二種の鏡である。息津鏡《おきつかがみ》（沖津鏡・瀛都鏡）と辺津鏡《へつかがみ》で、伝世鏡（発掘ではなく）としては最古のものでね国宝に指定されている。二鏡は、いわゆる「十種神宝《とくさのかむだから》」の筆頭に数えられるものだ。ニギハヤヒが降臨する際に、天神御祖《あまつかみのみおや》（アマテラス）から「十種神宝」を授けられたと『先代旧事本紀《せんだいくじほんぎ》』にある。『先代旧事本紀』は平安時代初期に成立した史書であるが、一部にそれ以前の史書にはない記述があり、貴重な資料として近年見直されている。成立には物部氏が関与しているのではないかと考えられており、なかでもニギハヤヒに関するくだりには他に例のない記述があり、きわめて貴重である。

その記述によれば、「十種神宝」とは、一〇種類の神宝であり、正しくは「天璽瑞寶十種《あまつしるしみずたからとくさ》」という。内訳は、鏡が二種、剣が一種、玉が四種、比礼《ひれ》が三種である。

【天璽瑞寶十種】

嬴都鏡《おきつかがみ》、邊津鏡《へつかがみ》、八握劔《やつかのつるぎ》、生玉《いくたま》、死返玉《まかるかへしのたま》、足玉《たるたま》、道反玉《ちかへしのたま》、蛇比禮《おろちのひれ》、蜂比禮《はちのひれ》、品物比禮《くさぐさのもののひれ》（表記は『先代旧事本紀』に依拠）

『日本書紀』および『先代旧事本紀』では、ニギハヤヒ（邇藝速日命・饒速日命）は、アマテラスより授けられた十種神宝を持って、天磐船《あめのいわふね》に乗って空を飛び、河内（大阪府交野市）の河上に天降ったという。そしてその後大和へ移動したとある。

繰り返すがニギハヤヒはニニギの兄である。ニニギの天孫降臨とは別に、ニギハヤヒの天孫降臨があったと記されているのだ。しかも神武が大和入りした時には、すでにニギハヤヒがそこを統治していた。神武は当初はそれを知らぬままに闘うが、ニギハヤヒの配下ナガスネヒコらに苦戦、結局戦闘では勝つことができなかった。ところがナガスネヒコが崇めるニギハヤヒが登場し、互いに天神であることを確認すると、なんとニギハヤヒが、神武に大和の統治権を譲るのである。これが、大和朝廷の始まりとなる。

しかしなぜニギハヤヒは神武に統治権を譲ったのか。右に紹介した経緯から考えれば、互いに天神であることが判明したなら、その立場から見て「神武が引く」のが筋ではないのか。神々の系譜からも、あきらかにニギハヤヒのほうが格上である。ニギハヤヒが「引く」謂われはない。

この際、統治権とともに、その保証である十種神宝も渡したと考えられるが、それについての記述は書紀、本紀ともに見当たらない。十種神宝は以後行方不明とされている。

なお古代朝廷において祭祀を司る氏族の代表格である物部氏は、ニギハヤヒの子の宇摩志麻遅命《うましまじのみこと》を祖としている。そこから、大和の先行政権と物部氏の関連を考えることもできる。また、物部氏が自らの権威付けとして、天皇家より古い神を求めたとも考えられる。

神宝二鏡については、籠神社の由来にこうある。

昭和六十二年十月三十一日（旧暦九月九日・重陽の節句）に二千年の沈黙を破って突如発表されて世に衝撃を与えた之の二鏡は、元伊勢の祀職たる海部直の神殿の奥深くに無二の神宝として安置されて、當主から次の當主へと八十二代二千年に亘って厳重に伝世され來ったものである。日本最古の伝世鏡たる二鏡の内、邊津鏡は前漢時代、今から二〇五〇年位前のものである。又、息津鏡は後漢時代で今から一九五〇年位前のものである。そしてこの神宝はその由緒が国宝海部氏勘注系図に記載されており、又當主の代替り毎に、口伝を以っても厳重に伝世されたものである。

確かに二種の鏡は伝世鏡であるため保存状態はよく、第一の息津鏡は一九五〇年前のもの、第二の辺津鏡は二〇五〇年前のもの、という鑑定がなされている。年数が正確かどうかはともかくとしても、差は判別できるということであるだろう。また第一のほうが第二より新しいという事実は、第二の辺津鏡は当初のままであるが、第一の息津鏡は身代わりとも考えられる。

そこで思い出されるのは、伊勢の皇大神宮の鎮座にあたって、豊受大御神《とようけのおおみかみ》を籠神社奥宮《おくみや》の真名井から連れていったという故事である。

アマテラスは、

「食事をつかさどる神が丹波の真名井にいるという。それをわがもとに遣わせ」

と言って、豊受大御神（止由気大神）の随行を求めたというものだ。

この時に息津鏡は朝廷へ献上されて、八咫鏡《やたのかがみ》群に加えられたのではないか（宮中三殿の唐櫃には多くの鏡が収められている）。

そして籠神社では、献上したために欠落していた身代わりの鏡をもって、後年神宝を補ったのではないだろうか。それならば、制作年代の微妙な差は理解できるというものだ。

なお、籠神社の宮司を代々務める海部氏の系図は、系図としては唯一の国宝に指定されている。海部氏とは尾張氏（熱田神宮宮司家）の本家であり、その祖は、当然とも言うべきだろうが、主祭神の彦火明命《ひこほあかりのみこと》であり、別名邇藝速日命《にぎはやひのみこと》である。

無傷の伝世鏡（発掘ではなく、伝世されたということ）がここにあるということは、重大な意味を表している。すなわち、鏡は人から人へ渡されて、人が伝えてきたということである。しかもそれは「漢鏡」である。

日本最古の伝世鏡を、つまり「渡来の鏡」が神体とされているということは、それを依り代としている祭神も渡来神であるだろう。現祭神を彦火明命《ひこほあかりのみこと》もしくは天火明命《あめのほあかりのみこと》という天神としてニギハヤヒの別名としているが、なにゆえに、いつからそのようにされたのか不明である。「空からやってきた」とさながらお伽噺のような起源とすることによって、起源を不明としたのだとも考えられる。

「空からやってくる」という特別な神は、空に輝く太陽にふさわしい。

そして、その「陽」に対する「陰」として、外宮の祭神は「月」でなければ整合しない。したがって、外宮の祭神は豊受大御神とされるが、論理的には月読命《つくよみのみこと》となる。

しかしトヨウケ神の由来は、アマテラスが鎮座にあたって望んだために丹波国にいた等由気大神を呼び寄せたのだという（外宮の社伝による）。それにしてもなぜ「丹波」なのか、なんとも唐突だ。しかし丹後の籠神社の謂われを思えばむしろ納得がいくようだ。籠神社は各地にある元伊勢《もといせ》（皇大神宮が伊勢に行くまでに一時的に鎮まっていた地）の中で、最も古い元伊勢である。

ニギハヤヒは「天神」であるが「天孫」ではない。『新撰姓氏録』が「皇別」を「神別」より上位としたことで「天孫」が上位であるかのようになっているが、そもそも天孫の由縁たる神武は天神の一であって、天神から発している。にもかかわらず『新撰姓氏録』が「皇別」制度を前面に掲げたのは、「天皇」という新たな神を信仰するための方途かもしれない。

ニギハヤヒが海人族の祖神であるなら、天磐船に乗って「空からやってきた」という登場神話は、「海の彼方」からの渡来を示唆することになる。海人族独自の伝承が日本神話に取り込まれたものと考えればこの位置付けも得心がいく。『新撰姓氏録』はそれについて明言はしていないものの、あくまで「天神」（天孫ではなく）とされていることがその当時の朝廷の姿勢を表している。この頃には、海人族はもはや渡来人とは見なされず天神となっているが、「皇別」「天孫」にまでは組み込まないことが朝廷の意向であったということになる。

なお、籠神社では近年まで公式にはニギハヤヒは祭神ではなく、現在でも別名になっている。

それにしてもニギハヤヒほどの神格神に、主祭神として祀る大社・古社がないのは不自然である。オオクニヌシの出雲大社、オオモノヌシの大神神社、地祇でさえトップクラスはこれだけの大社に祀られている。ましてニギハヤヒは天神である。これらと同等か、もしくはそれ以上の神社に祀られていなければおかしい。後世に祭神をニギハヤヒに比定したものや、合祀は少なくない。現在公式にニギハヤヒを祭神とする神社は二〇一社ある。摂社・末社を除くと一八四社。しかし籠神社は今もなお、これらの中には数えられていない。丹後一宮であるが、社格は国幣中社であって、決して特別に高くはない。祭神は公式には天火明命（彦火明命）である。そしてその本体が邇藝速日命であると神社自ら表明しているが、異論もあって落着していない。公式に祭神神社として数えられていないのは、おそらくそれが理由だろう。『新撰姓氏録』でも、ニギハヤヒは天神（高天原出身であるが皇統ではない）としていて、アメノホアカリは天孫（アマテラスの直系の皇統）としている。

祭神が一体のものであるかどうかは別としても、籠神社がニギハヤヒとなんらかの深いつながりがあるのは間違いないだろう。神社神宝の息津鏡（沖津鏡）・辺津鏡はきわめて古い伝世鏡であることが判明しているが、この呼び名がニギハヤヒの十種神宝から来ているのは言うまでもない。この鏡を祀るために設けられた社であるとも考えられる。奥宮の真名井神社はもとからあって、籠神社はその後に祀られたのだろう。真名井神社はアメノホアカリで岩磐を神体としてもとからあって、その後に籠神社はニギハヤヒで鏡を神体として建立されたのかもしれないと、これは私の空想であるが。

籠神社（戦前の古写真と絵葉書　筆者蔵）。上は建て替え前。下は建て替え後。和文で籠神社、英文で KOMORI SHRINE とある

出雲国造家と「神賀詞《かんよごと》」

出雲大社宮司家の出雲氏は『新撰姓氏録』には六氏見える。いずれも同祖で、天穂日命《あめのほひのみこと》（天菩比神）を祖神とする。天穂日命はアマテラスの第二子で、オオクニヌシに最も近く仕えた者である。『新撰姓氏録』には、左京神別・天孫・出雲宿禰氏、同・出雲氏、右京神別・天孫・出雲臣、山城国神別・天孫・出雲臣、同・出雲臣、河内国神別・天孫・出雲臣の名があり、すべて一族である。

なお『古事記』によれば、无邪志《むさし》国造・上菟上《かみつうなかみ》国造・下菟上《しもつうなかみ》国造・伊自牟《いじみ》国造・遠江《とおとおみ》国造も同祖であるとされる。

第一七代宮向国造の時に「出雲臣」姓を下賜され、以来出雲を名乗る。出雲国造の称号と出雲大社の祭祀職務は代々出雲氏が継承したが、南北朝時代の康永年間（一三四二〜四五年頃）に千家《せんげ》氏と北島《きたじま》氏の二氏に分かれた。

ところで出雲国造は出雲族ではないと公的には位置付けられている。つまり地祇《ちぎ》・国津神《くにつかみ》の系譜にはないということである。では何者なのかといえば、天神《てんじん》・天津神《あまつかみ》の系譜にあるとされる。歴史的にも、また公式にも、そういうことになっている。

しかし一般には、あたかも出雲族の宗家であるかのように、かつオオクニヌシの直系の子孫であるかのように、つまりは出雲大社で祖先神をお祀りしているかのように理解認識されているだろう。

なぜこのようなことになっているかといえば、国造家がみずからそのように振る舞っているからである。なおかつ、都合のいいことに、天皇家ともほとんど一族一家であるかのように振る舞っている。むろん両者は相容れないもので、共存成立するはずもない。

そもそも出雲国造家は、崇神天皇の御代に宇賀都久怒《うかつくぬ》（天穂日命《あめのほひのみこと》の一一世孫）が国造に任命されてより、氏族名を出雲氏と名乗り、出雲国造の称号と、出雲大社の祭祀権を、氏族の長が代々受け継いできた。『先代旧事本紀』の「国造本紀」に従えば、皇族の裔が任命されて出雲氏を名乗り、以後代々世襲しているということになる。

その後、出雲氏は南北朝期に兄弟間で世襲争いがあり、千家氏と北島氏の両家に分裂。以後、両家は共に出雲国造を名乗り、大社の祭祀も分担する。この状態は幕末まで続くが、明治に入って以後は千家氏が世襲で務めるようになり、出雲大社教《いずもおおやしろきょう》を標榜している（北島氏は宗教法人出雲教として独立しており、出雲大社の祭祀には関与していない）。

その祖神であるアメノホヒ（天之菩卑能命、天菩比命、天穂日命）は、アマテラスの第二子で、アメノオシホミミの弟神である。オシホミミは天皇の祖神であるから、出雲国造家は天皇家とは兄弟の血統ということになる。

現権宮司の千家国磨氏が、高円宮憲仁親王の第二女子・典子女王を妻に迎えたことは大きなニュースになったのであらためて周知されることとなったが、千家・北島ともに歴代の当主は皇室との関わりは浅からぬものがある。明確に、縁戚関係にある。全国の神社においても古社ともなればいずれも皇室との関わりは多かれ少なかれ、あるとは言いながらも、出雲大社の宮司家は別格である。

歴史的にも出雲国造は、朝廷において、他の国造とは明らかに異なって特別の扱いであった。代替わりの際に、新任の出雲国造のみは「**出雲国**《いずもくにのみやつこ》 **造神賀詞**《かんよごと》」という祝詞を宮中において奏上することになっており、これはまさに特別である（詳細は後述）。

江戸期には、吉田家と白川家に神道界差配の宣旨が天皇より下されたが、出雲国造家のみは両家の介入を許さず、朝廷もこれを容認していた。このような特別待遇はなにゆえにおこなわれるのか。いうまでもなく、出雲大社においてオオクニヌシを祀り続けるゆえである。

しかし、ここにおいて連綿と厳修されている祭祀は決してめでたいものではない。国の礎は、オオクニヌシが建設した国を奪うことによって成立したが、国を奪われ、なおかつ生命をも奪われたオオクニヌシは、怨霊神・祟り神となるにじゅうぶんすぎるものと誰もが考えたことだろう。そこで、杵築《きづき》に壮大な社殿を建設し、その神霊を慰め鎮め続けることとしたのだ。

そして、その重責を担うこととなったのがアメノホヒの子孫たちである。古来、この地方の地主神として厚く信仰されていたスサノヲの神威霊威をも借りて、これ以上ないほどの封じ手を動員している。

ちなみに同時期に始まる伊勢の神宮の祭祀も同様である。ともに地の果てで、崇神帝の御代に祟りを為した畏怖神を祀り封じているのだ。第一三代成務天皇は、島津国造（「志摩の国造」の意）に出雲笠夜を任じたと「国造本紀」にあるが、こちらにも同じ出雲氏を任じたのは、同氏がよほど祭祀に長けていたことの証左でもあるだろう。国造には、朝廷のために祭祀を執り行う使命が与えられていたのだ。出雲国造がオオクニヌシを封じ続けることは、皇室の安泰に寄与することになる。歴史上、時折おこなわれる皇族と出雲国造家との婚姻は、さながらその報奨ででもあるかのようだ。

神道の祭儀は千数百年前に基本ができあがっている。それを記した決定版ともいうべきものが『延喜式《えんぎしき》』五〇巻である。今から約一一〇〇年前の延長五（九二七）年に奏進され、康保四（九六七）年に施行されている。以来現在にいたるまで、細部の改変は多少あったが、おおむねここに記されるものが神道祭祀祭儀の基本になっている。とくに巻八にはわが国最古の祝詞《のりと》も収められており、その全二八篇を通称「延喜式祝詞」という。

「延喜式祝詞を秩序だてて考察することは、上代の我国人の世界観を知るうへで、第一義の方法である。」と、保田與重郎が指摘しているように（「澤の蛍」）、古代史研究においては最も重要かつ稀有な手掛かりの一つである。

　祝詞は祭事のたびごとに神職が創作するものであるが、例外もある。「延喜式祝詞」中の「六月晦大祓」いわゆる「大祓詞《おおはらえことば》」は、いわば祝詞の原型、スタンダード・ナンバーといったところで、とくに神社や祭神に関わりなく、ひんぱんに奏上されている（本来は六月晦日と一二月晦日の「大祓」に奏上するもの）。多少の変改はあるものの、現在でもすべての神社で奏上されているものだ。ちなみに神職を志す者は、まず第一にこれを暗唱することが求められる（筆者も、大学一年の時に暗誦試験を経験している）。

　そのような根本資料の延喜式祝詞中の第二八篇目が「**出雲《いずも》国《くにの》 造《みやつこ》 神《かん》賀《よ》詞《ごと》**」である。出雲国造に直接関わる文字情報としては最古かつ最大（といっても約一〇〇〇文字）のものであるので、ここに紹介しておこう（原文は一般の方には馴染まないと思われるので、訓読文を記す）。ぜひ音読して、よみがえる古代上代の韻律を体感していただきたい。

　なお、ご覧になってわかるように、特別に難解な言葉が使われているわけではなく、表記が特有というだけで、上代の文献でこの形は珍しくない。縄文から継続して用いられてきた多くの大和言葉に、突然輸入されて便利に利用されるようになった漢字を当てはめているだけのことだ（日本語をローマ字で記すのと似たようなもの）。ただ、その利用法に一定の共通ルールを設定しないまま急速に広まったために、同じ言葉でありながら、異なる漢字で表記するものがいくつも発生することになった。その辺りは、どうぞ斟酌して読んでいただきたい。全体に振り仮名を付したので、音読に支障はないと思う。繰り返すが、祝詞は呪言であるから、韻律を体感することが第一義である。

【出雲国造神賀詞】

八十日日《やそかび》は在れども、今日《きょう》の生日《いくひ》の足日《たるひ》に、出雲国の国造姓名、恐み恐みも申し賜はく、挂けまくも畏《かしこ》き明御神《あきつみかみ》と大八嶋国《おおやしまぐに》知《しろ》し食《め》す、天皇命《すめらみこと》の大御世を手長の大御代と斎《いわ》ふと為して、出雲国の青垣山《あおかきやま》の内に、下つ石根《いわね》に宮柱太知り立て、高天原に千木高知り坐す、伊射那伎《いざなき》の日真名子《ひまなこ》、加夫呂伎《かぶろき》熊野大神《くまののおおかみ》櫛御気野命《くしみけののみこと》、国作り坐しし大穴持命《おおなもちのみこと》、二柱の神を始めて、百《もも》八十《やそ》六社《まりむやしろ》に坐す皇神等を、某甲《それがし》が弱肩《よわかた》に太襷《ふとたすき》取挂けて、伊都幣《いつぬさ》の緒結《おむす》び、天乃美賀祁《あめのみかけ》冠りて、伊豆《いつ》の真屋《まや》に麁草《あらくさ》を伊豆《いつ》の席《むしろ》と刈り敷きて、伊都閉黒益《いつへくろま》し、天乃甕和《あめのみかわ》に斎《い》みこもりて、志《し》都宮《ずみや》に忌《い》み静め仕へ奉りて、朝日の豊栄登に、伊波比《いはひ》の返事《かえりこと》の神賀《かむほぎ》の吉詞《よこと》、奏《もう》し賜はくと奏す。

高天の神王《かむろき》、高御魂《たかみむすび》神魂命《かみむすびのみこと》の、皇御孫命《すめみまのみこと》に天下大八嶋国を事避《ことさ》り奉りしし時に、出雲臣等が遠祖《とおつおや》天穂比命《あめのほひのみこと》を、国体《くにがた》見《み》に遣《つかわ》しし時に、天の八重雲を押し別けて、天翔《あまがけ》り国翔《くにかけ》りて、天の下を見廻《めぐ》りて、返事《かえりごと》申し給はく、

「豊葦原の水穂国は、昼は五月蠅《さばえな》如す水沸《みなわ》き、夜は火瓮《ほべな》如す光《かがや》く神在り、石根・木立・青水沫《あおみなわ》も事問ひて荒ぶる国なり。然れども鎮め平《む》けて、皇御孫命に安国と平けく知し坐さしめむ」と申して、己命の児《みこ》天夷鳥命《あめのひなとりのみこと》に布都怒志命《ふつぬしのみこと》を副《そ》へて、天降《あまくだ》し遣《つかわ》して、荒ぶる神等を撥《はら》へ平け、国作らしし大神をも媚び鎮めて、大八嶋国の現事《うつしごと》顕事《あらわごと》事《こと》避《さ》らしめき。

乃ち大穴持命の申し給はく、「皇御孫命の静り坐さむ大倭国」と申して、己命《おのれみこと》の和魂《にぎみたま》を八咫《やたの》鏡《かがみ》に取り託《つ》けて、倭大物主櫛𤭖玉命《くしみかたまのみこと》と名《みな》を称《とな》へて、大御和《おおみわ》の神奈備《かんなび》に坐《ま》せ、己命の御子阿遅《あじ》須《す》伎《き》高孫根命《たかひこねのみこと》の御魂を葛木《かつらぎ》の鴨の神奈備に坐せ、事代主命の御魂を宇奈提《うなで》に坐せ、賀夜奈流美《かやなるみの》命《みこと》の御魂を飛鳥《あすか》の神奈備に坐せて、皇御孫命の近き守神と貢《たてまつ》り置きて、八百丹杵築宮《やおにきづきのみや》に静り坐しき。

是《ここ》に親神魯伎《むつかむろぎ》・神魯美命《かむろみのみこと》の宣《のりたま》はく、「汝天穂比命は、天皇命の手長の大御世を、堅石《かきわ》に常石《ときわ》にいわひ奉り、いかしの御世にさきはへ奉れ」と仰せ賜ひし次《つぎて》の随《まにま》に、供斎《いわいごと》仕へ奉りて、朝日の豊栄登りに、神の礼白《あやしろ》・臣の礼白と、御禱《みほぎ》の神宝《かんだから》献《たてまつ》らくと奏す。

白玉《しらたま》の大御白髪《おおみしらが》坐し、赤玉の御阿加良毘《みあからび》坐し、青玉の水の江玉の行相《ゆきあい》に、明御神と大八嶋国知《しろ》し食《め》す、天皇命の手長の大御世を、御横刀《みはかし》の広らに誅堅《うちかた》め、白き御馬の前足の爪、後足《しりえあし》の爪、踏み立つる事は、大宮の内外の御門の柱を、上つ石根《いわね》に踏み堅め、下つ石根に踏み凝らし、振り立つる耳の弥高に、天の下を知し食さむ事の忌《いわい》のため、白鵠《しらとり》の生御調《いきみつぎ》の玩物《もてあそびもの》と、倭《し》文《ず》の大御心もたしに、彼方《をち》の古川岸、此方の古川岸に生ひ出づる、若水沼間《わかみぬま》の弥若叡《いやわかえ》に御若叡《みわかえ》坐《ま》し、すすぎ振る遠止美《をどみ》の水の、弥乎知《いやおち》にみおち坐し、麻蘇比《まそひ》の大御鏡の面《おも》を、おしはるかして見行《みそな》はす事のごとく、明御神の大八嶋国を、天地《あめつち》日月と共に、安けく平けく知しめさむ事の忌《いはひ》のためと、御禱《みほぎ》の神宝《かむたから》を擎《ささ》げ持ちて、神の礼白・臣の礼白と、恐み恐みも、天つ次《つぎて》の神賀《かむほぎ》の吉詞《よごと》白し賜はくと奏《まを》す。（訓読は、御巫清勇《みかなぎきよたけ》『延喜式祝詞教本』による。）

ご覧のように、その内容は、国造家の祖神であるアメノホヒ以来代々天皇への忠節ぶりを縷々と述べ、そして天皇およびその御代を徹底して言祝《ことほ》ぐものである。いわば天皇家にあらざる者であるからこそ、これを奏上することができるのだろう。当たり前のことだが、国造家は天皇家ではないのだ。あくまでも臣下である。それがここにはっきりと見て取れる。

またとくに中段において、朝廷すなわち「皇御孫命の静り坐さむ大倭国」の祭祀環境が、守護神の配置によって明示されているのはきわめて重要な示唆である。しかも、このことはオオナムチ（オオクニヌシではない）が述べた、つまり天皇のためにオオナムチがおこなったこととしている。

そして、これらの祭祀差配をオオナムチがおこなったのであるならば、このエリアはオオナムチの支配エリアでなければならない。しかも、この神賀詞は天皇の前で長年にわたって繰り返し奏上され続けている。つまり、その事情についても、天皇・朝廷による事実上の追認があったということになる。

宮地直一は『神祇史綱要』（明治書院）の中で、こう述べている。

「『延喜式』の神名帳によって、出雲系の神を祭った神社の分布を見ると、出雲系の神社の存在する範囲は極めて広汎であって、まず出雲を中心として広く山陰山陽から、東北は北陸並に信濃に及び、南は大和から紀伊に及んで居る。中でも大和平野はこの寿詞にも見えているように、三輪山の大物主神の社を始めとして、鴨雲梯飛鳥等の諸社が散在していて、上古に於ける出雲系の氏族の勢力の、盛大であったことを想像せしめるのである。」

なお、神賀詞において繰り返し、また屋上屋を重ねるかのような表現で天皇への忠節を述べているが、これは国造家が天皇家と同族であることを示すものではない。むしろ逆であるだろう。

「延喜式祝詞」には付録として「中臣寿詞《なかとみのよごと》」一篇があって、これは大嘗祭の際に神祇官の中臣氏が奏上したものであるが、はっきりしているのは中臣（藤原氏の本家）が天皇の臣下であるという上下関係性である。

これと同様に、神賀詞の奏上の文言は、出雲国造家が天皇の臣下であると明確に示している。要するに国造家が、あるいは祖神のアメノホヒが天皇家と同一の血脈に連なるというのは後付けの創作であると考えられる証左の一つがここにある。先に記したように、地方の古社の社家は海人族の出自が少なくない。そしてそれには理由がある。

すでに指摘したように、籠神社の神体は「漢鏡」である。つまり「渡来の鏡」である。これは海部の出自に関わるものだろう。

これに対して出雲大社の神体は本来は勾玉であった（ヤマトに召し上げられるまでは）。勾玉はまぎれもなく日本オリジナルであるから、元々の祭神は土着の神であろう。その時に祭祀を担当していたのは、むろん出雲国造ではない。『日本書紀』崇神天皇六〇年の条に録されているように、出雲振根《いずものふるね》である。この人物を書紀は「出雲臣の先祖」としているが、血統上のつながりはなく、政治的な継承者にすぎない。

神体を別のものに変更させられ（この時に鏡とされたか）、それからまもなく祀職も新たに派遣されて、それが現在まで続く国造家となったものであろう。

なお、ここで注目すべきは、三輪山と葛城とに囲まれた場所、すなわち桜井・飛鳥辺りが皇居であると示唆していることであろう。

延喜式の成立時期から考えて、そこに収録されたこの神賀詞には、七から八世紀頃の朝廷および祭祀信仰環境を反映していることになる。神賀詞本文は、おそらく当初の形を踏襲継承しているため、延喜式成立の頃には皇居は平安京になっていたにもかかわらず、依然として桜井か飛鳥辺りにあるかのように述べられているのは、逆に神賀詞の成立時期と、国造家による出雲祭祀が始まった時期を示唆している。

出雲国造家は、天皇の玉体にも準ずる「御杖代《みつえしろ》」という一種の現人神として、つまりは神の依り代として、当代のその人そのものが信仰の対象となった。これはいわば、新興宗教の方法にも等しい教祖化である。

信仰というものは、年月の経過と共に変化するもので、諏訪大社でも神職たる生身の大祝《おおほうり》が生き神として信仰されたように、出雲でも同様の現象が起きたということである。

しかしさらに変化して、近現代においては、諏訪の大祝は消え去り、出雲国造の御杖代という意味合いも希薄化している。それは、オオクニヌシを祀るための祀職という本来の形に戻りつつあるということであるだろう。国造は（むろん国造という官職はすでに存在しないので、正しくは千家当主、北島当主は）、自分自身が信仰されるようになっては、本来の役目からの逸脱であるのだから。

出雲族の氏神・祖神は、スサノヲである。オオクニヌシではない。スサノヲは、出雲族がみずから祀った。オオクニヌシは、大和朝廷が祀った。つまり、オオクニヌシという名は、ヤマトによるヤマトのための名であるだろう。ヤマトが祀った（祀らせた）のだから、祀り方が異なるのは当然のことだ。神座の配置も、当然ながらヤマトの監視下で設定されたものだろう。

そもそもヤマトが祭祀を放任するはずがない。その時代、祭祀は政治の根幹であったのだから。

「出雲国造に命じて神の宮を修厳させた」と、『日本書紀』にある。斉明天皇五（六五九）年のことである。この「神の宮」について、かつては杵築大社のことであるとされていたが、近年では熊野大社であるというのが定説になっているようだ。

しかし私は、その説には与《くみ》しない。これは、神魂《かもす》神社のことであると私は考えている。神魂神社は、社伝によれば、出雲国造が祀職として二五代まで奉仕したという。杵築大社（出雲大社）の元宮ともされている。ところが神魂神社は、『出雲国風土記』の神社篇にも、『延喜式』の神名帳にも録されていない。これはまことに不思議なことであるが、第八二代国造の千家尊統《たかむね》は「本来がこの社は国造の館の、いわば邸内社としてはじめられたもの（であろう）」と推測している（『出雲大社』学生社）。

なるほど始まりは、そうであったかもしれない。神魂神社の現社殿——天正一一（一五八三）年再建——は国宝にも認定されているように、たいへん壮観なものであるが、社殿の規模に比して、境内地は狭小である。

もっと正確にいうと、本殿の豪壮さに比して、拝殿は質素であり、またその拝殿に至る参詣導線は窮屈すぎるだろう。社務所も境内に収まらず、北側の離れた場所にある。これは、本殿が元々は小規模であったのだが、突然に大規模に建て直されたため、全体とのバランスを失ったものだろうと思われる。近現代では、観光的に成功した社寺に、しばしば見受けられる形態である。むろん神魂神社は、観光的に成功したからではない。国家の命があったからであろう。勅命によって、修厳されたのだ。

尾張国造と草薙剣

熱田神宮の大宮司家であり、尾張国造であった尾張氏は、『新撰姓氏録』に七氏が見える。壬申の乱に大功あったことで特別に引き立てられた一族であることが想像される。河内国皇別・尾張部、左京神別・天孫・尾張宿禰、同・尾張連、右京神別・天孫・尾張連、山城国神別・天孫・尾張連、大和国神別・天孫・尾張連、河内国神別・天孫・尾張連の七氏である。皇別に一氏があって、早くに皇族に列せられていたことがわかる。また、他の六氏も「神別・天孫」であって、「諸蕃」にとどまる者はない。

尾張氏が代々大宮司を務めた熱田神宮には、三種神器の一つである草薙剣《くさなぎのつるぎ》が祀られている。しかし、天皇家の三種の神器の一つが、なぜ熱田にあるのだろう。そして尾張氏はなぜに保有し続け、朝廷に返上しなかったのか。また、朝廷も、尾張氏に対してなぜ返上せよと命じなかったのか。尾張氏は渡来の海人族であって、その奉斎する神社も皇室とは直接の関係はない。しかも熱田は尾張国三宮であって、尾張国には一宮は真清田《ますみだ》神社、二宮は大縣《おおあがた》神社がある。神器を奉斎するのであれば、少なくとも一宮でなければ不自然というものだろう。

記紀によっても、ヤマトタケルが草薙剣を熱田に置いていく理由がはっきりしない。それどころか、それまでの経緯を考えれば、ヤマトタケルは草薙剣を手放してはならないはずである。倭姫命《やまとひめのみこと》から授けられたのは、以後自由勝手にしてよいということではないだろう。東征の守護剣として授けられたのであって、無事に任務を果たしたならば、最終的には宮中へ持ち帰らなければならないだろう。たとえわが身が斃《たお》れたとしても、草薙剣は戻さなければならない。もしヤマトタケルの遺言があるならば、なによりも第一に草薙剣を戻すよう言い置いたはずである。

であるならばその答えは一つしかない。——すなわち、返す必要がなかったからだ。すなわち熱田の剣は、もともとの草薙剣ではないからだ。

また、三種の神器のうちで草薙剣のみが「実見」記録が複数あり、そればかりか新羅僧による「盗難」にまであっている。千数百年間で見ればわずかな回数であるが、八咫鏡本体や八坂《やさか》瓊曲玉《にのまがたま》本体の処遇、あるいは運命に比べるといささか「畏敬」に欠けるきらいなしとはいえないだろう。そしてそれには、やはりそれだけの理由があるのだと考えざるをえない。

それでも最終的に、また歴史的にも神器として認定されたのはまぎれもない事実である。認定されて、すでに千年余が経つ。朝廷によって認定され、なおかつこれだけの歴史を経たのであるから、これはすでにして神器・草薙剣である。もはや現物が何ものであるかを問わない。それはまぎれもなく天皇家の意志である。

しかし事実関係は明らかにしておかなければならないだろう。神器は国産でなければならないという宿命があって、したがって草薙剣も日本国内で鍛造されたものでなければ神器の資格はないことになる。ところが熱田に伝わる実見記録から察すると、熱田の剣は渡来の銅剣（両刃）である。そしてこれを草薙剣としている。繰り返すが、「渡来の銅剣」であり、それを「草薙剣」と呼んでいる。

しかし天叢雲剣《あめのむらくものつるぎ》は、出雲由来であるから「鉄製」であると思われる。「むらくも」は鍛造鉄刀に特有の刃紋であろう。スサノヲがこれを発見した時のくだりを思い出していただきたい。

「かれ、その中の尾を切りたまいし時に、御刀《みはかし》の刃毀《はか》けき。しかして、あやしと思ほし、御刀の前《さき》もちて刺し割きて見そこなはせば、都牟羽《つむは》の大刀《たち》あり。かれ、この大刀を取り、異《け》しき物と思ほして、天照大御神に白し上げたまひき。こは草なぎの大刀ぞ。」（『古事記』本文）

スサノヲがヤマタノオロチの尾を切ったら、スサノヲの刀の刃が欠けたというのだ。これは、スサノヲの佩刀《はいとう》よりも草薙剣のほうが硬度が高いと言っているわけである。単純に考えて、銅剣対鉄刀で打ち合えば、必ず銅剣の刃が欠ける。鋳造された銅剣と、鍛造された鉄刀では硬度がまるで違うからだ。

すなわち、天叢雲剣は鉄刀である。それもかなりの硬度を持つところから、出雲の玉鋼を日本式に鍛造したものであるだろう。繰り返し折りたたみ、打ち延ばしていく日本刀独特の鍛造による「千枚鋼《せんまいはがね》」という構造の刀剣こそは、天叢雲剣であるだろう。

そして鉄刀ならではの「叢雲」の刃紋があった。それを見出したスサノヲは「都牟羽《つむは》の大刀《たち》あり」と述べている。つまり「稲穂を刈り取るための大きな刃物」だと。つまり「鎌」に似た大刀、内反り鉄刀＝素環頭大刀のことであろう。

だから、スサノヲは「異《け》しき物と思ほして（珍しいものと思って）」アマテラスに献上するのだ。しかも「草なぎの大刀」と名付けて。――すなわち発見の段階から、草薙剣はすでに草薙剣と呼ばれていたはずである。名付け親は発見者・スサノヲであるだろう。

いずれにしても熱田の剣は草薙剣ではない。熱田の「渡来の銅剣」は、おそらくは尾張氏がもともと保有していた氏祖伝来の剣で、熱田社はそれを祀る氏神社であったのだろう。渡来氏族・尾張氏の祖先が大陸江南からはるばる持ち来たった「証し」なのではないか。

ちなみに、武家政権を初めて樹立した源頼朝は、母の実家である熱田神宮を崇敬していた。しかし頼朝は鎌倉に幕府を開いた際に、源氏の氏神として皇室系の石清水八幡宮を勧請し、鶴岡八幡宮を創建している。

頼朝は、血縁のある熱田神宮をなぜ氏神としなかったのか。周知の基準に従えば、熱田の御神体は究極の刀剣である草薙剣であるのだから、武家の筆頭としての源氏にこれほど相応しい神はないだろうに。しかも母の実家である。――その理由を、「熱田神は尾張氏の氏神」であったからではないかと私は考えている。もともとのその神は、渡来氏族である尾張氏が信仰するものであって、天皇・皇室の神々の系譜とは別の系譜を持つものであったからではないだろうか。

隼人族とオオヒルメ伝承

鹿児島神宮に不思議な伝承がある。原文は変体漢文であるから意訳して紹介する。

「震旦《しんたん》国・陳大王《ちんだいおう》の長女・大比留女《おおひるめ》は、七歳の時、眠っている間に朝日が胸の間に差し込んで懐妊した。九ヶ月後に王子を出産したが、大王はこれを罪と思い、数年後、空船に乗せて印と鎰《かぎ》とを持たせて海に流した。大王は、流れ着いたところを所領とせよ、と命じた。流れ着いたのは日本の大隅国であった。王子（太子）の名を八幡といったので、船が流れ着いた磯を八幡崎と名付けた。」

鹿児島神宮は、通称「大隅正八幡宮《おおすみしょうはちまんぐう》」という。

❖**鹿児島神宮**（大隅国一宮） 鹿児島県霧島市隼人町

【祭神】天津日高彦穂穂出見尊《あまつひこひこほほでのみこと》 豊玉比売命《とよたまひめのみこと》 帯中比子尊《たらしなかつひこのみこと》 息長帯比売命《おきながたらしひめのみこと》 品陀和気尊《ほんだわけのみこと》 中《なかつ》比売命《ひめのみこと》 姫大神《ひめおおかみ》 太伯《たいはく》

八幡宮・八幡神社は稲荷神社と並んで全国に最も数多く鎮座する神社であることはよく知られている。いわゆる「はちまんさま」で、唱歌にも歌われている「村の鎮守」とは八幡神社のことだ。その八幡神社の総本社は、大分県の宇佐神宮であるというのも広く知られていることだが、実はその発祥自体に異を唱えるものなのだ。縁起にはこの後に、「大比留女は、筑紫国若椙山《わかすぎやま》へ飛んで、香椎《かしい》聖母大菩薩として顕現し、皇子は大隅国に留まって八幡宮として祀られた」と記される。つまり、八幡宮の大元は大隅正八幡宮（鹿児島神宮）であって、そこから宇佐に勧請されたのだというのだ。また、母の大比留女は、香椎宮の神になったという。しかもその父は、震旦国の陳大王であるという。

❖**香椎宮《かしいぐう》** 福岡県福岡市東区香椎

【祭神】仲哀天皇 神功皇后 （配祀）應神天皇 住吉大神

しかし八幡神顕現の伝承は宇佐ではまったく異なるものを伝えている。そのため、古くから本家争いともいうべきものが繰り返されて、悲惨な事件も起きている。

この伝承は『八幡御因位縁起《はちまんごいんいえんぎ》』をはじめとして、『八幡大菩薩本末因位御縁起』などいくつかの資料にも見られる。また、『今昔物語』にも「大隅に八幡神が顕れ、その後、宇佐に現れた」と記される。

ちなみに、参考文献としてしばしば見かける『大隅正八幡縁起』なるものは存在しない。原文に当たらない者がどこかの孫引きを誤って引用した結果だろう。各縁起にはそれぞれに異動や誤記もあって、微妙な食い違いはある。しかし、「震旦国陳大王の娘・大比留女が処女懐胎して八幡王子を生み、船で大隅に渡来した」という点は共通している。すなわち、このくだりの元となる伝承があって、それぞれに編集がおこなわれたと考えられる。

この伝承について、八幡信仰研究の第一人者である中野幡能氏はこう述べている。

「陳王伝説は、本地垂迹説を発展させて、八幡神を陳大王の孫にして、神功皇后を大王の女大比留女とし、八幡神は漢土から大隅へ渡来した神だとして、宇佐、石清水の八幡信仰の隆盛に刺激されて、大隅宮を正当なる八幡信仰発生の本源地であることを打ち出し、「正宮」であることを自ら名乗り出たのである。」（『八幡信仰史の研究』吉川弘文館）

すなわち八幡信仰の発祥地を、宇佐ではなく大隅宮（鹿児島神宮）であるとするために「陳

鹿児島神宮

王伝説」は創作されたものだとしている。その理論的拠り所に本地垂迹説を利用しているという指摘である。

この「縁起」には、本地垂迹説の他にも処女懐胎、あるいは感精伝説、うつぼ船神話などの世界共通の神話類型が凝縮されている。これが創作でなく自然発生的に成立したとするならば〝奇跡〟と言えるほどの出来映えだ。

しかし中野氏は、続けてこうも記している。

「そもそも鹿児島神社は、その周辺に隼人塚を遺しているようにこの神社はもともと、隼人族の氏神の神として隼人族に祀られた社であったろうと考えるが、宇佐宮に伝わる隼人征伐の伝説があるように初期八幡信仰集団との接触が行われた歴史を有する神社であるが、陳王伝説が物語っているように、シナの江南地方との交通はかなり古くから行われたものの如く、『神社啓蒙』には呉太伯

を祭ったという伝えを記している。」（前掲書）

中野氏は、呉・太伯とのつながりは肯定しつつも、だからといってその娘（あるいは子孫）が渡来したとまでは信じられない、と言っている。「シナの江南地方との交通はかなり古くから行われた」としているにもかかわらず、渡来伝説は「創作」だというのだ。中野氏に代表されるこの見解はいつのまにか定説と化していて、この「縁起」自体が陽の目を見ないようになってしまった。現在の公式由緒である『鹿児島神宮史』（鹿児島神宮社務所、平成元年）でも、わずかに『八幡愚童訓』の意訳引用として紹介されているにすぎない（ただし『八幡愚童訓』にその記述はない）。しかも現在は祭神から太伯は除外されている。

しかし私は、隼人こそは海人族であって、ヒルメに従って渡来した江南人であったのではないかと考えている。江南の呉国が元々の故郷であって、そこから渡来・移住したのではないかと考えている。多くの痕跡がその事実を示唆しているのだ。たとえば海幸彦山幸彦神話も、明らかに海人族の伝承であろう。すなわち、太伯が始祖王であった呉国から移住した一族が隼人族と称するようになったと考えるのは、ごく自然な帰結である。そして移住には、王族の血をひくリーダーが推戴されていたであろうことは当然のことだ。

海人族の出自は、シナ江南の呉とされる。呉は、周王朝の長子であった太伯を王に迎えて建国された国だ。

ちなみに「呉」という国名はシナの歴史上三度登場する（周は四度）。
一、シナ春秋時代の国。紀元前一二世紀〜紀元前四七三年。句呉、攻呉とも。
二、シナ三国時代の国。魏・蜀と鼎立。二二二〜二八〇年。
三、シナ五代十国の一つ。九〇二〜九三七年。淮南《わいなん》ともいう。
ここでいう呉は最も古い一の国のことである。
太伯については、司馬遷が著した『史記』に「世家《せいか》第一」として録されている。世家とは世襲する諸侯をいう（以下、訳文は筆者による）。
「呉《ご》の国の始祖太伯《たいはく》と、その弟仲雍《ちゅうよう》は、ともに周の太王の子であって、周王季歴《きれき》の兄である。季歴は賢明であるとともに、聖徳をそなえた昌《しょう》という子があった。父の太王は、季歴を家督に立てて、その昌を後継にしたいと思っていた。そこで、太伯と仲雍の二人は、荊蛮《けいばん》の地に出奔して、身体に入れ墨をし、断髪して蛮地の風俗になり、周の王家にふさわしくない姿を示し、季歴から遠ざかった。その結果、季歴が周の王家を継いだ。これが王季である。そしてその子の昌が後を継いで文王となった。」（傍線筆者）
荊蛮とは、揚子江の南側の地方のことで、いわゆる江南地方のこと。太伯の呉は、海人族の国であった。人々には文身、つまり入れ墨の習俗があった。また、髪を短く切る必要があった。ともに水中に入った時に害をなさないためである。当時は、罪人でもない限り髪を切ることはなかった。しかし太伯みずから「髪を切って、文身した」と伝えられる。

ここで思い出すのは、あまりにも有名な『魏志倭人伝』のくだりである。

「(邪馬壱国は) 男子は大小と無く、皆黥面文身す。」

要するに、古代の日本人は顔にも体にも入れ墨をしていたのだ。この習俗は、「海」という面で一つにつながっている海人族に特有のものである。水中で鮫などに襲われないよう全身に施していたのだとされている。現在の日本ではすっかり見かけなくなってしまったが、和歌山の太地町などの鯨漁師には近年までその習俗が残っていた。また、和歌山と「海の道」でつながっている南房総の漁師にも同じ習俗があった。

呉の民、すなわち海人族は太伯を王として迎えた。太伯が周王家の出自であるので、呉の国姓は周王家と同じ「姫《き》」氏である。したがって、呉王家の血をひく者が大隅へ渡来する海人族に推戴されていたとすれば、むろんその姓も「姫」であるはずだ。そして、その子孫も同姓であるということになる。

ここにある「震旦国」とは、シナの古い呼び名だ。真丹とも記す。それでは「陳大王」とは誰のことか。あちこちで伝承の意訳を見かけるが、そこにはあたかも「陳大王＝呉太伯」であるかのように論述されている。しかし、それはありえない。そもそも太伯は紀元前一二世紀頃の人物であるから、大比留女の父であるはずがない。また、呉は七代夫差の時に滅亡しているのだ。これが紀元前四七三年とされる。大比留女が渡来したのは紀元前二世紀頃と考えられるので、その父たる者は呉王の血脈にあるとしても、呉国滅亡から二〇〇年以上経過した後の人物ということになる。陳大王とは、前三世紀から二世紀頃の人物名、ないしは陳という国の王でなければ整合しない。

それではその当時のシナ東部・江南地域の事情はどうなっていただろうか。該当するのは始皇帝の秦国のみである。秦は、紀元前二二一年にシナを統一し、紀元前二〇六年に滅亡した。その秦に滅ぼされた国々の人々、またそれ以前に消滅した国々の人々は各地に四散したが、呉人や越人などの海人族は東側の海浜部に居住していたと考えられる。シナ統一を成し遂げた始皇帝の次なる標的は「海」の彼方であるから、海人族は必要な人材としてあらためて求められている。

鹿児島神宮の陳王伝説をそのまま解釈すると、大比留女は陳大王の娘であり、しかも太伯の血を引いているということになる。つまり、陳大王は呉太伯ではなく、同時代の王でなければならない。あるいは、呉太伯の血を引く王族の娘とも考えられる。

ただ、この伝承を伝える大隅八幡、すなわち鹿児島神宮はかつて呉太伯を祭神として祀っていたことがあるようだ（現在公式に掲げている祭神には入っていない）。ただ、その由来がこの伝承によるものなのか、それとも創建の頃からすでに祀っていたのか詳らかにしない。祭神から外された理由や時期もわからなくなっている。陳大王を呉太伯であるとする説と、関わりがないこともないだろう。

しかしながら、chinという音からはchinaすなわちシナを連想させ、そこから「シナの王」とする説もある。

また、「秦始皇帝」の秦国、また秦氏の原音などを連想させるところから、これらの説を唱える人も少なくない。

しかしそれでは「陳」の文字が使われている説明が示されない。いずれの説も、あくまでも言い換え、あるいは誤字説である。この論法は古典の解読や神話の解釈などで常套的に用いられる手法であるが、安易な論法の最たるものだ。ちなみに私は、古文献を研究する際には、言い換えや誤字説を基本的に採らないことにしている。むろん文脈から、あるいは文献比較から明らかな誤字は実際にしばしば存在する。

しかし、それをもって、理解の及ばないものについて、何かと言えば誤字や言い換えに頼るのは安易で短絡というものだろう。文献批判は歴史研究の原点だが、そこに「改竄」や「誤字」を指摘するのはよほど慎重でなければならない。そしてそれは「最後の手段」と考えるべきである。なによりもまず書かれた文字に素直に理解を示すべきであって、そこで知恵を絞るのが研究者の姿勢というものだ。

したがって、陳大王伝説についても、もともとの出典である「八幡御因位」に「陳大王」とあるのだから、それが誤字であると証明するか、証明できないのであれば「陳」の文字を尊重しなければならない。伝承・縁起の類だから恣意的に取り扱ってよいなどということは断じてないのだ。陳大王の〝捜索〟に総力を挙げてこその真相であると考える。

さてそこで、同時代に「陳」という名の王や国があったかといえば、楚に隣接する国で国名「陳」が存在する。陳は、紀元前一一一一年に周の王室によって封じられて建国し、紀元前四七九年に滅亡している。ただし国姓は陳ではなく、嬀という。発音は「ギ」または「キ」。滅亡した翌年に王族は田斉へ亡命し、故国の国名の陳を新たな氏姓とした。これが後の世界各国に進出する陳氏の始めである。

ちなみに太伯を始祖とする呉も、陳の六年前の紀元前四七三年に滅亡しているが、その九年前の紀元前四八二年に悲劇が起きている。晋と戦っている間に、呉の本拠地が越の攻撃を受け、太子・友は捕虜となってしまう。まもなく処刑されたとされるが、以後の消息はわからず、これが呉滅亡の直接の原因となった。

呉は紀元前四七三年に滅亡。
陳は紀元前四七九年に滅亡。
奇しくも同時期である。

「縁起」に「陳大王の娘・大比留女」とあるのは、この陳国の王女の意味とも考えられる。そして、「朝日が胸に差し込んで懐妊した」というのは、越の捕虜となって陳に預けられ抑留されていた太子・友の子を宿したことの暗喩とも受け取れる。しかしこの事実を公表することは憚られたので、「太陽の子」を宿したことにして、一党を付けて東海の島国へ送り出した。ところがそれから間もなく呉が滅亡し、呉王・夫差は自殺。拠り所を失った呉人たちは「太陽の子」の後を追って移住した。――そして呉人は、隼人となる。

以後、子の父が、呉の太子（王の長子）であったゆえに「呉の太伯の裔」と名乗った。

陳の国姓は女偏に爲と書き、これも「キ」と発音する（呉音・漢音とも「キ」／現在は「ギ」）。発音としては周および呉の国姓である姫《き》と同じだ。もしこの説を採るならば、オオヒルメの渡来は紀元前四七〇年頃ということになる。

いずれにしても隼人が海人族由来であることには相違なく　海人族はより古い時代の渡来であって、後に渡来した百済や新羅とは関わり方がまったく異なっている。早くに同化したことから、処遇もヤマト民族としてのものとして「神別」の「天孫」に入っている。なお土着の血統と思われる氏族も神別の地祇にわずかに見られるが、氏姓制度はヤマト民族を組織化するための施策であるためもあって、彼らについては「地祇」の血統として海人族と共に少数が遇されている。

山城国神別・天孫に阿多隼人《あたのはやと》、大和国神別・天孫に大角隼人《おおすみのはやと》の名が、また大和国神別・地祇に国栖《くず》の名が見える。数少ないヤマト朝以前よりの氏族である。

（この項、拙著より抜粋補筆）

第三章——

祭祀氏族の台頭

……蘇我・物部から中臣へ

社家の氏族

古代より祭祀に携わる氏族は『新撰姓氏録』においては主に「祝《ほうり》」などの姓《かばね》で録されている。しかしながら、紀祝《きのほうり》、波多祝《はたのほうり》（秦氏）などの数氏のみである。他は、たとえば『新撰姓氏録』撰進の頃には、すでに「八色の姓」が最重要の位となっており、それ以前に散発的に定められてきた原始的な姓はすでにあまり重視されていなかったということであるだろう。

時代と共に変遷するが、古代より現代に至るまで続いている氏族も少なくない。代表的なところでは中臣氏や千家氏、北島氏、また諏訪氏や宗像《むなかた》氏などがある。限られた少数でもあるので主要氏族を以下に列挙しておこう。

阿蘇《あそ》氏（阿蘇国造・肥後国一宮阿蘇神社）
阿曇《あずみ》氏（志賀海神社）
海部《あまべ》氏（籠《この》神社）
荒木田《あらきだ》氏（伊勢皇大神宮／内宮）
度会《わたらい》氏（伊勢豊受大神宮／外宮）

忌部《いんべ》氏（天太玉命神社・忌部神社・鳴神社・大麻比古神社・粟井神社）
宇治土公《うじとこ》氏（猿田彦神社・椿大神社）
卜部《うらべ》氏（吉田神社・平野神社）
大神《おおが》氏（宇佐神宮）
大神《おおみわ》（大三輪）氏（大神神社）
大鳥居《おおとりい》氏（神田神社・太宰府天満宮）
大中臣《おおなかとみ》氏（神祇伯・伊勢祭主）
中臣《なかとみ》氏（春日大社・鹿嶋神宮・香取神宮）
小野《おの》氏（日御碕神社）
尾張《おわり》氏（尾張国造・熱田神宮）
賀茂《かも》（鴨）氏（賀茂神社）
紀《き》氏（紀伊国造・日前神宮・國懸神宮・石清水八幡宮）
北島《きたじま》氏・千家《せんげ》氏（出雲国造・出雲大社）
樹下《きのした》氏（日吉大社）
蔵原《くらはら》氏（阿蘇氏一族）
菅原《すがわら》氏（北野天満宮）
鈴木《すずき》氏（熊野神社）

諏訪《すわ》氏（洲羽《すは》国造・諏訪大社）
千秋《せんしゅう》氏（熱田神宮）
多賀《たが》氏（多賀大社）
建部《たけべ》氏（建部大社）
津守《つもり》氏（住吉大社）
永見《ながみ》氏（知立《ちりゅう》神社）
丹生《にう》氏（丹生川上神社）
天野氏（丹生都比売《にうつひめ》神社）
枚岡《ひらおか》氏（枚岡神社）
富士《ふじ》氏（富士山本宮浅間大社）
八坂《やさか》氏（祇園八坂神社）
宗像《むなかた》（宗形）氏（宗像大社）
物部《もののべ》氏（石上神宮）

これらの中でも中臣氏は特別で、本宗家の藤原氏が政権の中枢を独占するようになったところから、一族の多くが高位に名を連ねた。『新撰姓氏録』においては「真人・皇別」にこそ入ってはいないが、「左京神別」は天神の筆頭から藤原朝臣ではじまり、大中臣朝臣、中臣酒人宿禰、伊香連　中臣宮処連　中臣方岳連　中臣志斐連　殖栗連　中臣大家連まで実に九氏まで「大中臣同祖」が連なる。これ以下も同祖の中臣一族は宿禰や連など数十氏に及び、さまざまな姓で多くの氏が畿内各地に散見されているところからも、すでに単純な祭祀氏族を脱して、公家として国家の「まつりごと（政）」に携わっていたことがはっきりわかる。軍事的に重要な拠点（朝廷の武器庫）であった石上神宮は中臣氏から切り離して単独の大中臣氏を名乗らせており（石上神宮の社家はもとは物部氏であった）、なおかつ「祝」の姓を用いていない。いうまでもないが、八色の姓には「祝」は存在せず、氏姓制度が「八色」と定められてからは、それまでの原始的な姓は朝廷の保証のない、古くからの「慣習的呼称」となって、実質的に格下げとなっていた。

なお社家の氏名には祭祀に関係する要素が反映されている事例が少なくない。大鳥居や宮下などはその典型であるが、とくに注視しなければならないのは諏訪氏（洲羽《すは》国造・諏訪大社）であろう。

私たちは、あらかじめ「諏訪」という言葉を与えられているからこそ何も不思議に思わずに「スワ」と読んでいるが、何の知識もない者には実はこれほど難しい漢語はちょっとない。現在のシナ人留学生に質問しても、まず答えられる者はいないだろう。ほとんど「死語」であって、しかもかなり古い時代にすでに死語に近くなっていたと思われる。なにしろ使用事例のある文献が皆無に近いのだ。おそらく、平安時代初頭の当時の宮廷公卿の博士クラスでも、「諏訪」という漢語を正確に発音し、正確に意味を知っている者がはたして何人いたかというほどに、難しい言葉なのだ。使われる機会もきわめて少ない特殊な用語だ。そもそも「諏」を「ス」とも読まないし、「訪」を「ワ」とも読まないところから、「大和」や「飛鳥」と同様に、好字令による当て字と思い込んでいる人も少なくないだろう。大和は「ダイワ」であって「ヤマト」とは読まないし、飛鳥は「ヒチョウ」であって「アスカ」とは読まない。これらと同じように、諏訪も当て字であろうと思っている人が大半であろう。諏訪は「シュホウ」であって「スワ」とは読まない、と。私も最近までそう思っていた。

しかし、それは誤認であった。「諏訪」には「ス・ワ」という読みがあったのだ。当て字でも、好字でもなかったのだ。

「諏訪」とは、古代シナの特別な階級でのみ用いられた宗教用語である。漢音で「シュ・ホウ」、呉音で「ス・ホウ」と読む。「神の意志・判断を問う、諮《はか》ること」である。漢族であっても、よほど特別な立場、特別な知識階級でなければ知らないだろう特殊な語彙である。

それが、おそらくは千数百年より以前の信濃（科野）において用いられているということは、そういう人物がここにいて（来て）、地名として定着させるだけの立場になっていたことを意味する。すなわち、渡来人、それも道教の方士のような人物が考えられる。彼（あるいは彼ら）は、この地の宗教的重要性を当然ながら承知した上でここに居着いたはずで、そして以後の宗教的発展に深く関わったであろうことも間違いないだろう。それこそが諏訪氏の先祖か、あるいは科野《しなの》国造の科野氏の先祖かもしれない。

「信濃国諏方郡（略）建御名方富命《たけみなかたとみのみこと》神社」と『日本三代実録』（九〇一年成立）の貞観七（八六五）年の条に見られるのが現・諏訪大社の最も古い記録であるので、少なくともその以前に地名（郡名）が「諏方」であったことがわかる。

なお「諏方」という語彙は漢語には存在しないので、年月を経るうちに諏訪が略されたものであるだろう。その後、「諏訪」に戻されるが、こういった変化は、この記録の時（九〇一年）までにすでに相当な年月の経過していることがわかる。

右に示したように「諏訪」は呉音で「スホウ」と読むが、これを和語（旧かな）では「スハウ」と記す。

ここから『古事記』に記される「州羽（スハ）」となり、他にも「須波（スハ）」などいくつか用いられ、いずれも万葉仮名であるので、漢字の意味は問わず、単に音のみで文字を利用しているにすぎない。本来の「諏訪」が用いられないのは、あまりに難しい漢語であり、またまったく馴染みのない漢字、また当時の日本に輸入されていた漢文資料においても用例のない漢字であったからであろうか。

しかし「スハ」が元は「諏訪」であることは忘れられてはいなかった。中央の文書には「州羽」などの書記がおこなわれても、地元の記憶は受け継がれ、地名として「諏方」が残り、さらに「諏訪」へと回帰したのだ。最古の記録（九〇一年）で「諏方」となっているにもかかわらず、それからほどなくして「諏訪」表記の使用に変わっているのは、この最古の記録以前の記録があって、それには「諏方」ではなく「諏訪」と書かれていたのであろうと思われる。おそらくはその意味も示されていたのではないか。それゆえに、諏訪大社は「諏方」ではなく「須波」でもなく「諏訪大社」と現在記されている。

今となってはその具体的根拠はわからないが、結果から推測するならばやはり何らかの書き付けが関係者の手元にあったのではないだろうか（文字は口伝では残らない）。諏訪には大量の古文書が残っていて、いまだに完全な研究はおこなわれていないが、もしかするとそれらの中に含まれているのかもしれない。今後の研究に期待したい。

つまり、諏訪という地名は、漢語が元になって生まれた地名であって、和語（ヤマト言葉）ではないのだ。この地には、古くから——おそらくは紀元前から——渡来の痕跡がある。「スワ」が漢音ではなく呉音由来であることも重要な手掛かりである。

蘇我氏の「氏神」

少なからぬ資料に「蘇我氏（蘇我臣）は皇別」であると指摘されているが、『新撰姓氏録』の「皇別」に蘇我氏の名を見ることはできない（むろん神別、諸蕃にも不記載）。武内宿禰を氏祖とするところからの推定かと思われる。

ただし、蘇我氏の同族である石川氏や田口氏、無姓の蘇何氏は収載されており、またその流れに属する氏族は数氏あって、本家本元が収載されていないほうがむしろ不自然なほどである。

おそらく、「姓氏録」成立の八一五年当時には滅亡していたため、京・畿内に居住はなく、そのゆえに「姓氏録」には不記載となったのだろうとも思われる。

「皇別」という評価基準は「姓氏録」以前の飛鳥時代から存在しており、さらに明治の華族制度もこの基準に拠っている。すなわちのべ千数百年に及ぶ「皇別」という血統的な階層区分なのであるが、この間には、新たに皇別とされた氏族もあれば、偽称（仮冒《かぼう》）した例も少なくない。おのれの氏が「皇別」であるか否かは、日本民族としてきわめて重視されたものであることが判然とする事情である。歴史的資料としては『新撰姓氏録』の記録に基づくものが基本であるが、すでにそれよりかなり古い時代よりその呼称は用いられていたようである。

拙著『スサノヲの正体』（河出書房新社）で論述したように、私のたどり着いた答えは「スサノヲは渡来神」であり蘇我氏こそはその子孫である、というものである。したがって蘇我氏も、厳密に言えば渡来である。六～七世紀にかけて、歴史上の一時期とはいえ、まぎれもなく天皇に最も近い氏族であったが、その本質は渡来である（ただし古い時期の／詳論は前掲拙著参照）。

❖素鵞社《そがのやしろ》（出雲大社境内社）　島根県出雲市大社町杵築東

【祭神】須佐之男尊

❖蘇《そ》我《が》神社《じんじゃ》　高知県吾川郡いの町波川

【祭神】石川宿禰　（配祀）仲哀天皇　応神天皇　素戔嗚尊《すさのおのみこと》

中大兄皇子と中臣鎌足によって、蘇我氏の氏神は徹底的に排除されたと思われるが、辺境の地であり国津神（地祇）の君臨する地である出雲と土佐には密かに祀られ続けた。それが素鵞社と蘇我神社である。素鵞社には祖先神であるスサノヲを祀り、蘇我神社には氏祖である蘇我石川麿と祖先神とを祀っている。

スサノヲが最初に降臨したのは曽尸茂梨《そしもり》であったと『日本書紀』にあるところから、韓国朝鮮にも渡来の候補地はいくつかある。韓国の研究者は、江原道春川、済州島などを曾尸茂梨に比定した。候補地の一つ、江原道には一九一八（大正七）年に江原《こうげん》神社が建立された（戦後、撤去）。スサノヲの宮殿跡と目された場所だ。むろんそのような事実はなく、同書に明記してあるように、一時的に立ち寄ったに過ぎない。そして通過した。

島根の出雲はもともとスサノヲの王国だった。辺境の地だからこそ、渡来のスサノヲが開拓し、独自の王国を建設したとも考えられる。製鉄文化をもたらしたのも彼によるものかもしれない。

しかしここには蓬萊山はない。

蓬萊山探しは元は他者から与えられた使命であるが、すでにみずからの目的ともなっていた。そこでスサノヲは、息子に後事を託し、ふたたび船で東を目指した。そして越《こし》に上陸し、ここからは陸路で南へ向かった。伝説の蓬萊山・富士山を目指してという「異説」「仮説」を日頃の研究の副産物として発想したのだが、これについては、拙著『富士山、2200年の秘密』（かざひの文庫）、『古事記はなぜ富士を記述しなかったのか』（河出書房新社）で論述した。ご関心の向きにはそちらを参照されたい。

スサノヲの神名表記は、『古事記』では須佐之男命、『日本書紀』では素戔嗚尊、『先代旧事本紀』では素戔烏尊と記すが、神社によってもさまざまである。建速を頭に付けたものや、之の字に能や廼などを使ったものなど、ざっと数えただけで三三六種ある。しかし神名表記として重要なのは「スサ」の部分であり、主なものは七種である。

「須佐之男命／素戔嗚尊／素佐之男神／素沙男命／素狭男神／素盞烏尊／素鵞嗚命」

七番目の素鵞嗚命を除いて表記に問題はない。いずれも「スサノヲ」の音に同音（近似音）の漢字を当てたものだ。いずれの文字であってもそれ自体にとくに重要な意味はないだろう。漢字は表意文字であるから、本来は意味によって漢語は作られるものだが、私たちの先祖はこれを当初輸入した頃にはアルファベットのように表音文字として用いた（万葉仮名）。後々には意味との関連をはかりながらさらなる導入をおこなうようになるのだが、古い用例の代表とも言える「神名」の表記は、音が優先で、意味は必ずしも絶対条件にはなっていない（したがって、意味がより希薄な神名ほど古い成立であり、意味がより具体的に表現されている神名ほど新しい成立とも言えるだろう）。

問題の七番目「素鵞嗚命」であるが、「鵞」は「サ」とは発音しない。鵞は漢音呉音ともに「ガ」であって、ゆえに「素鵞」の文字で「スサ」と読ませるのは完全な当て字である。これは「ソガ」としか読めないものだ。つまり、素鵞（ソガ）が嗚く、と書いて「スサノヲ」と読ませているのだ。

「ソガ」という氏族は、むろん「蘇我」のことであろう。歴史上、特異な存在である、あの蘇我氏である。あるいは蘇我氏は、もとは素鵞氏であったのかもしれない。いずれにせよ、蘇我氏の本来の氏神はスサノヲであり、氏神神社は素鵞神社および須我神社、須賀神社であると私は考えている。


蘇我氏には、出自の謎が常に指摘される。外交政策において開明的であったところから大陸渡来の漢人ではないかとの推測や、一族に韓子、高麗、満智といった名が見られるところから新羅や高句麗からの渡来ではないかとか、はたまた仏教崇拝の旗頭であったところから百済人ではないかという説まである。

しかしいずれも根拠が弱く決定打とはなっていない。

先祖に韓子や高麗の名があるのは、母が韓人の出自であったり、養育担当者が高句麗人であったりしたからかもしれない。当時は皇子や貴人の子に母方に由縁する名や、養育先の渡来人にちなんだ名を付ける慣習があったからだ。とするならば、むしろ三韓の文物に敬意を払っていた時代の風潮を名に反映していたと考えるべきだろう。したがって、そのことを自慢するために名乗るもので、そういった名付けをとくに忌む理由は当時はなかった。

また、仏教崇拝や開明的政策によって渡来人とするのも、かなり乱暴な説と言わざるを得ないだろう。そもそも、蘇我氏の力の源泉には「渡来人の諸族を従えた」ことがある。経済力とともに蘇我氏を支えた要素の双璧である。さまざまな先進技術や戦闘力を備えた渡来系有力一族の多くが蘇我氏に従ったが、もし蘇我氏が同族であったなら、彼らとは同胞や同類であって、仕える対象にはならないはずである。渡来系の人々は、ヤマトという異国に来て、大王に従うことで身分を保証されるのであって、大王の直属でなければその皇子に、さもなければ朝廷の重臣に従うことで身分が保証された。ヤマトという異国において、別の渡来人に従うとすれば、かえって身の危険を招くことになりかねない。つまり「まつろわぬもの（従わぬ者）」として、征伐される対象となるのだ。

いずれにしても蘇我氏の出自について、他の古代氏族とは一線を画した見方が大勢で、『日本書紀』にも記されている系譜をそのまま信じる者はほとんどいないかのようだ。馬子の奏上をそのまま信じるとすれば「葛城氏の一族」ということになるのだが。

乙巳《いっし》の変に関する記述については、明らかに改竄《かいざん》の痕跡が見られるというのは定説になっている。とはいうものの、『日本書紀』という歴史書が全編にわたって改竄されているというわけではないのはもちろんだ。必要もないのに改竄するはずもなく、書紀が最古かつ最重要の文献の一つであることは論をまたない。

それでは、乙巳の変に関しては何故改竄が必要であったのか。『日本書紀』の編纂事業には長い年月を要している。その間、何人もの天皇や高位高官がこれに関与している。とすれば、当然のこととして、その人々の意向がそれなりに反映されることになる。『日本書紀』が成立したのは七二〇年（編纂開始は六八一年）。この時の政治のトップは藤原不比等である。右大臣となって一二年、誰も不比等に逆らう者はいない、天皇を除けば実質的な独裁者であった。この人物がすなわち、最終検閲者ということになる。

『日本書紀』の改竄問題はその文体から解き明かされた。かつては純粋の漢文体であると考えられていたのだが、中には、純粋の漢文の語法や語彙とは言えないものが散見されると判明した。本来漢文にはありえない語法や語彙、すなわち日本風の語法や語彙が一部にみられるのだ。日本風の語法や語彙、これを「倭習《わしゅう》」と呼ぶのだが、とくに乙巳の変についての記述は倭習が頻出している。

編纂当初の原文は、おそらくは史部《ふひとべ》として起用した渡来系氏族の者によって書かれた純粋の漢文であったが、それから四〇年近くも後に完成することになったため、加筆や修正に日本人の手が加わったと考えられている。

不比等にとって、至上命題は「藤原氏の氏祖である中臣鎌足の美化」「乙巳の変・入鹿殺害の正当化」である。そしてそのために対抗措置・前提となるのは「蘇我氏を貶《おとし》めること」である。蘇我氏の評価が下がれば下がるほど、その反動として中臣鎌足のおこなった行為は「英雄的行動」となる。

これがもし、蘇我氏に正義があったとすれば、入鹿殺害は国家的大犯罪である。乙巳の変に大義はあった、中大兄皇子や中臣鎌足たちに正義はあったと、歴史書には記されていなければならない。鎌足の子息である不比等が改竄し、それを時の天皇である元明天皇が承認したということになるだろう。なにしろ元明帝は、中大兄皇子（天智天皇）の皇女である。

なお、改竄がおこなわれた場合の必然として、前後関係との矛盾や齟齬が生じる。それらを完璧に処理するのは難事業であるため、書き換えという手法はよほどの事情がない限り避けられる。それに代わって比較的安易に採用されるのが「削除」という手法である。書き換えに対応するためにあちこちを修正するよりも、ある部分をそっくり削除してしまうのが簡単で正確だ。その方法で削除されたのが「蘇我氏の出自」であると私は考えている。そう考えれば多くのことが繋がってくるのだ。

飛鳥時代の朝廷の歴史を記すには、『日本書紀』が必ずしておかなければならないことの中に、蘇我氏の出自と中臣鎌足の出自がある。いずれもきわめて重要である。ところが、どちらも書紀の記述はまことに少なく、しかも怪し気だ。

蘇我氏の系譜は代々の名前自体が嘘臭い。そして中臣鎌足は、突然登場する。

確かに乙巳の変で登場してからの鎌足の出世は際立つものがある。そのきっかけが、蹴鞠見物で中大兄皇子の脱げた沓《くつ》を拾ったからというのでは、誰も納得はいかないだろう。もし私なら、沓を拾っただけの人間とそこまで親しくなることは難しいだろう。まして天皇の皇子という立場であればなおさらだ。

中臣氏の出自については、さながら鹿島・香取を無視するかのような論調が目に付くが、田舎祠官だったのだから、とくに正史に記すほどの経歴はないというだけのことだ。他の事例でも珍しくないパターンである。

突然登場したことを前提に、鎌足は、百済の王子・余豊璋《よほうしょう》であった、などという奇説も近年登場している。その説に従えば、鎌足に続く藤原氏一統もすべて百済王家の血筋ということになる。しかしもちろん、その説は、中臣鎌足が突然歴史に登場したことが大前提である。鎌足に親も係累も先祖も見当たらないならば、そんな想像空想も可能だろう。ところが鎌足以前に中臣氏は時折歴史に登場している。それは書紀に明らかだ。

日本の古代史研究（というか議論）は、主要な歴史人物の出自を「怪しい」と決めつけて、

「三韓（百済、新羅、高麗（高句麗））」に持っていくと安心する傾向がある。まことに困ったものので、いわゆる被虐史観の流れに属するものだ。これらの「ためにする論」によれば、蘇我氏はもちろん、物部氏も中臣（藤原）氏も三韓の出自で、さらに遡って日本神話の根元の神々も三韓出身などという説も少なからず蔓延《はびこ》っているが、これらは放置すべきではなく、正すべきは正すための方策を取る必要があるだろう。

すでに中臣勝海（姓は連）が物部守屋陣営の有力者として登場し、守屋敗死に先立ち誅殺されている。それが用明天皇二（五八七）年四月のことだ。乙巳《いっし》の変は、それから五八年も後のことである。中臣勝海の姓は連であって、物部守屋大連とともに大王（天皇）に「廃仏」を奏上している。高位高官であればこその事績である。すでに中臣氏は、それだけの地位にあったのだ。乙巳の変によって、鎌足が突然成り上がった訳ではない。

また、中臣氏の先祖が天児屋根命《あめのこやねのみこと》であったかどうかについて疑うも否定するも論者の勝手だが、実在の人物の系譜までも無視するのは暴論というものだろう。私はとくに中臣氏を擁護するつもりも必要もないのだが、歴史を論ずる姿勢の基本として確認の手間は惜しまない。

私見であるが、中臣氏は海部、または国造の一族であり、すでに中央（ヤマト朝廷）で高位高官となっている血縁者を頼って鎌足は上京したものだろう。最高の学業を修めるためには、当時も都が第一であった。現に、蘇我入鹿と南淵請安《みなぶちのしょうあん》（隋・唐に遣使として留学していた学問僧）の学塾において同窓であり、ともに並び称されるほど優秀であったとされている。こういった施設には、限られた家柄の子弟しか入れなかったのは言うまでもない。鎌足が出自不詳であったならば入学さえできなかったはずである。

なお不比等の改竄についても、語弊は正しておかなければならない。あからさまな「創作」ではなく、「部分削除」と「帳尻合わせの書き変え」をおこなったのだと考えるのが自然だろう。しかし書き換えや創作は近年では研究が進み、多くは露見している。そういった作業が、いかに困難なものかは論文を書いた経験を持つ者であれば容易に想像がつくことだ。一度書き上げた論文で、後から論点を変更しようとすると、全体にわたって緻密な調整が必要になってくる。それは時には最初から書き直した方が楽なほどの〝難事業〟なのだ。しかも、そこまで一言一句丹念にチェックしてもとかく疎漏《そろう》がある。ましてや『日本書紀』は国史である。一つの出来事が、他のいくつもの出来事や人物と有機的につながっている。それを完璧に「改竄」するのは、きわめて難しい。したがって、私の考える許容範囲は「部分削除」が第一で、それによって不自然になった関係各所に関してのみ「微調整」をおこなうというものだ。書紀の不自然な欠落はこれによって生じていると私は考えている。

すなわち、蘇我氏を貶めるのが目的であるにもかかわらず、その血筋について書紀はふれることができないのだ。もしも蘇我氏が下層の出であったり、あるいは渡来系であったのであれば、それを書かないはずがない。たとえ伝聞であってもこれ見よがしに書くだろう。そうすれば、入鹿を殺害し、蘇我本宗家を滅亡させた暴挙を〝正当化〟できるはずだからだ。不比等の力をもってしても貶めることのできない系譜・血筋とは何か。それは「皇統」以外にないだろう。そして、貶めることができないのであれば、削除してしまうのが唯一採り得る方策であるだろう。——かくして、蘇我氏の出自は書紀から消えた。

神社と氏神

さてそれでは、書紀が消した蘇我氏の出自を、あらためて明らかにする方法はあるのだろうか。有力な手がかりの一つは「蘇我」という氏族名そのものにある。蘇我という名は、新たに作られた名である。古くから連綿と名乗られてきた氏族名ではない。その根拠は、葛城、三輪、物部、中臣などと比べるとはっきりわかる。

かつらぎ、みわ、もののべ、なかとみ——これらはすべて「ヤマト訓み」すなわち「訓読み」である。これに対して、蘇我は「音読み」である（別の漢字を当てれば訓読みとすることもできるが、蘇我の文字を用いる限りは音読み）。

姓氏学では、訓読みの苗字が古く、音読みの苗字は新たに作られたものというのは基本である。たとえば、日本全国民の中で多い苗字の二位の「鈴木《すずき》」は、音読みなら「れいぼく」、三位の「高橋《たかはし》」は音読みなら「こうきょう」となる。しかしいずれも訓読みなので、古来の苗字であることを示している。

これに対して一位の「佐藤《さとう》」は音読みであって、これは新しく作られた苗字であることの証しである。藤原は古くからの苗字であるが、そこから派生した佐藤・斎藤・近藤などは新しく作られた苗字だ。佐藤は佐野の藤原、斎藤は斎宮長官の藤原、近藤は近江の藤原という由来を込めた名乗りである（事実か否かは別として）。他にも「左右衛門尉の藤原」や「佐渡の藤原」などの説があるが、いずれにしても八世紀以降に作成されたものである。

元となっている氏族名「藤原」は中臣鎌足が六六九年一一月の臨終に際して天智天皇より下賜されたものであるが、これとても訓読みの「ふじわら」である。天皇から賜る名は時代が下っても「ヤマト言葉」である。

しかしながら蘇我は、すでに六世紀には歴史に登場しているにもかかわらず、「蘇我」の文字であるならば漢音である。初めにヤマト言葉ありき、その後、漢字を求めて合体する。それが最も古い時代の日本語表記の成立ちである。氏族名も当然例外ではない。

たとえば「物部」氏。「もののふ」というヤマト言葉がまずあって、これを漢字表記するために「物（ブツ）」と「部（ブ）」という漢字を借りることとした。物は武器を意味する漢字であり、部は職掌（それを司る者）。しかし物部と書いてシナ人には「もののふ」とは読めない。漢音で「ブッブ」、呉音で「モチブ」。しかし軍事に携わる氏族すなわち「もののふ」を「物部」と表記しているうちに「もののべ」と訓読するようになるのは自然の成り行きだ。

このルールによって成り立つ最も古い事例の一つが蘇我ではないかと私は考えている。音読みの苗字は、人工的に産み出された苗字であって、自然発生的な苗字とは成り立ちを異にする。したがって、発生理由がわかりやすいという特徴を持つ。先に事例紹介した佐藤などのように、表記文字が先にありき、なので探求しやすい。

それでは「蘇我」は何に由来するのか。蘇我は訓読みすれば「よみがえるわれ」である。「われはよみがえる」「われ、よみがえれり」などの漢語読み下し方式はこの時代にはまだ馴染んでいない。ヤマト言葉の語順のままの万葉仮名方式である。「よみがえるわれ」との意味を込めて、稲目あたりが名乗ったのが始まりではないかと、これは私の推測である。

蘇我氏はそれ以前になんと名乗っていたかの具体的な記録はないが、少なくともその一族は、かつて栄えた一族で、稲目の頃にようやく昔日の栄誉を取り戻したのではないだろうか。それを誉れとして「蘇我（よみがえるわれ）」と名乗ったのではないかと思われる。

蘇我の氏族名について、「地名由来」との説があるが、これについては説明が必要だ。「そが」という地名にも数種あって、大和飛鳥の周辺で蘇我や宗我をそれと主張する説がある。しかし、古代氏族の名の由来になろうかという地名であるなら、かなり古い地名であって、それが「音読み」ということはないだろう。むしろ、地名の蘇我や宗我などが蘇我氏の名に由来していると考えるべきだろう。「必ず地名のほうが古い」というような固定観念、思い込みは排除しなければならない。ただし、由来の地名は他にある。

ちなみに「訓読み」とは、漢字には本来ない読み方であるが、ヤマト言葉を当てはめたもののことである。漢字には、当たり前だが本来「音読み」しかない。ヤマト国では輸入した漢字を利用するのに、元々の「音読み」としても使ったが、それとともにすでに使用されているヤマト言葉にも意味の近い漢字を用いて、ヤマト読み＝訓読みするようにしたものだ。したがって、音読み（漢音・呉音）に限っては当時の支那（china）人（魏・隋）と口頭で通じたし、また漢字文化をそのまま採用していた三韓にも通じるところはあったと思われる。しかし「訓読み」となると、書き記した文字は通じても、口頭では完全なヤマト言葉であるから通じるはずもないのは当然である。

日本字音には、古音・呉音・漢音・唐音・宋音などの種類がある。仏教用語は、現在使われているものも呉音が基本になっている。なお平安期に入ると、唐の長安の発音を漢音としてこれが正音であるとし、これに対して呉音は早くに伝わったことから和音と呼ばれるようになっていたようだ。蘇我氏の元の名はどのようなものであったのか。別表記である曽我、宗我、十河、素鵞などの異字はヒントにはなるかもしれない。so、soh などの字音が字訓ではどんな文字になるか。同様に、ga の字音が字訓ではどんな文字になるか。その答えは、ある手法から導き出されることになる。

氏族名とともに出自を解明する大きな手がかりは「神社」である。神社には、それぞれの氏族血族ごとに「氏神」という特定の神社がある。したがって「氏神」を調べることは、その氏の系譜（ルーツ）を調べるための第一の方法である。

江戸時代に、徳川幕府が強制した寺請制度によって日本人のほとんどがどこかの寺院の檀家に登録されるようになってしまった。これによって江戸時代中期以降は、家系をたどるためには寺院の過去帳を調べるのが最も簡単な方法となり、現在も日本人の家系を調べるにはまず出身地の檀家寺において過去帳を調べるという方法が採られている。しかしこの方法でわかるのはおおよそ戦国時代までで、それ以前のことについては当然ながら寺の過去帳は信頼できない。なにしろ寺請制度自体が一六六四（寛文四）年に制定・施行されたものだからだ（薩摩藩や少数の旧家は例外）。

とすれば何を頼りに氏族の系譜をたどることができるのか。それぞれの家に伝わる家系図も大いに参考となるだろう。しかしなによりも見落としてならないのは神社の存在である。寺院が人々の間に定着するよりもはるかに古くから存在し、仏教が輸入された時には主な神社はすでに日本中に存在していた。しかもその祭神は、多くの場合、いずれかの氏族の祖先神である。その神がかつては人として実在したか否かは容易には判別できないが、私は日本神話に登場する神々のうち、いわゆる「三貴子」以後はすべて実在したと考えている。すなわち、アマテラス、ツクヨミ、スサノヲの三神は元は人として実在したもので、これより後の神々もすべて実在したと確信している。本書はそれを解き明かすのが目的ではないので深入りはしないが、スサノヲに限ってはは少々ふれなければならない。それが本書にとって重要な意味をもっているからである。

氏神もしくは氏神神社（氏神とは、神そのものをいう場合も、また神社自体をいう場合もある）——その名称、その祭神、その由緒——これらを調べることによって、その神社を氏神としている氏族一族が何者であるのかを、ある程度探査究明できるのだということを認識していただきたい。たとえば物部氏の氏神を概観すると、物部氏の正体がかなり見えてくる。物部氏には「氏族伝承」ともいうべき『先代旧事本紀』という貴重な文献があるのだが、同時に石上神宮や物部神社などに伝承されるさまざまな事物は何ものにも代え難い価値ある情報を秘めている。同様に蘇我氏も、氏神・氏神神社を探ることで、「謎」と言われている出自が見えてくるはずである。

蘇我氏の氏神・氏神神社を確認してみよう。まず一般に氏神として知られているのは二社。

宗我都比古神《そがつひこ》　宗我都比売神《そがつひめ》という男女二神を祀っている。

❖宗我《そが》神社（通称・宗我都比古神社）　神奈川県小田原市曽我谷津

【祭神】宗我都比古之命　宗我都比女之命　（配祀）応神天皇　桓武天皇　小沢大明神（合祀）須佐之男命　熊野速玉神　仁徳天皇

由緒にはこうある。

「昔、先づは此の曽我地方の先住民族が祈願の的として神仏の区別無く「小沢大明神」を崇拝して現在の地に祀った。長元元年（一〇二八年）、宗我播磨守保慶が祖先宗我都比古命の御霊を分霊し当所に下り宗我都比古神社の神号を請い、併せて武内宿禰命をも祀り、社を創建し、九百年前頃、曽我祐信に依って神社として今の祭神（小沢大明神、宗我都比古、宗我都比女）を再興し、明治初年の神仏分離に依って宗我都比古、宗我都比女を主祭神にして、永く当地曽我郷の総鎮守産土神《うぶすな》として祭祀される。」

――鎮座して千年近く経つが、それでも乙巳の変から三百年以上後である。したがってここで蘇我氏の由来を知ることはできない。つまりこちらは「分霊」で、本社はもう一つのほうということだ。

しかしここも地名として曽我が残っていることには注意しなければならない。たとえ地名に千年の歴史があっても、蘇我氏の活躍時期が千四百年余も以前であるから「地名が氏族名にちなんでいる」ということである。姓氏研究で陥りやすい誤謬の一つは、「最初に地名ありき」で、姓氏は地名にちなんでいるのだから、その地こそは本貫地であるとするものだが、それが必ずしも正しくないということがこの事例でもわかるだろう。蘇我氏のように古い氏族を単純に地名由来で結論するのは注意しなければならない。なによりもまず地名自体の検証が求められる。

❖宗我《そが》坐《にます》宗我都比古《そがつひこ》神社（通称・宗我《そが》さん）　奈良県橿原市曽我町

【祭神】　宗我都比古神　宗我都比売神

蘇我馬子が、蘇我氏の始祖の宗我都比古・宗我都比売を祀るために創建したと伝えられている。すなわち、宗我坐宗我都比古神社は蘇我氏が飛鳥に来てからの氏神である。

この社の由緒に従えば、出自は「大阪河内」であり、本姓は「石川（石河）」ということになる。しかし「石川（石河）」を本姓とする裏付けも、蘇我倉山田石川麻呂の次男家が以後奉斎したことから考えれば、不名誉な姓氏・蘇我よりも、推古天皇のお墨付きを賜った石川（石河）にシフトさせたととらえるべきだろう。すなわち蘇我氏の出自を究明するために石川（石河）へ行くのは本末転倒であり、逆行である。大阪河内へ何処から来たのか、それをこそ明らかにしなければならない。石川（石河）は、その後に派生した名の一つである。

なお、当社は、蘇我馬子が「氏祖」を祀ったことから飛鳥における新たな氏神神社となったが、元々の氏神を隠すために利用される結果となった。宗我坐宗我都比古神社の祭神である男女神は、蘇我氏の氏祖ではなく、その地に古くから祀られていた陰陽の地主神である。飛鳥という地で確実に地位地盤を固めたことから、ここを新たな本貫地となすべく地主神を取り込んだというのが、馬子の意図であるだろう。地主神を尊重してスサノヲは合祀せず、蘇我は飛鳥より始まる、との決意があったのではないかと思われる。

しかし、蘇我馬子による創建であるとの由緒から、少なくとも曽我や石川（石河）よりも蘇我のほうが古いということがわかる。

それでは「蘇我」という文字が使われている神社はどうか。これは三社ある。

❖蘇我比咩《そがひめ》神社（通称・春日大明神）　千葉県千葉市中央区蘇我町

【祭神】蘇我比咩大神　千代春稲荷大神　（配祀）天照皇大神　経津主神《ふつぬしのかみ》　武甕槌神《たけみかづちのかみ》　天児屋根《あめのこやね》神《かみ》　天児屋根比売神　応神天皇　比咩大神　神功皇后

❖蘇我神社　高知県安芸市川北甲

【祭神】蘇我赤兄

❖**蘇我神社**　高知県吾川郡いの町波川

【祭神】石川宿禰　（配祀）仲哀天皇　應神天皇　素盞嗚尊

蘇我比咩とは蘇我大臣の娘、蘇我赤兄は天智天皇の左大臣、石川宿禰についてはすでに述べた。つまりいずれも、蘇我氏が台頭して以後の祭神である。

「蘇我」の表記を用いる神社が、蘇我氏の台頭より後のもののみということは、奇しくも蘇我氏がそれ以前は別の表記、もしくは別の名乗りであったということの証左でもある。古くからの氏族は、必ずいずれかの神社に関係しているからだ。「蘇我」という名乗りが後発のものであることが、ここまでの検証によっても確認される。

ここでもう一度原点に立ち戻って「そ・が」の音から確認しよう。この音に見合う文字はすでに確認したように、蘇我・曽我・宗我・素鵞・須賀・須我・十河である。そして蘇我・曽我・宗我からは出自は判明しないことをここまでに確認した。となれば、後は「素鵞」と「須賀」のみである。

語音の成り立ちにおいて確認したように、「そが」と「すが」は同一である。ただ、発生は「すが」が古く、「そが」は後発であろう。

しかし漢字表記となると、「須賀」も「素鵞」も元はともに「すが」と読んだはずで、それ

素鵞社

は祭神名の素戔嗚尊において「素」を「す」と読んでいるからである。

すなわち「スサノヲ」は「すが」であり、「すが」は「そが」である。

こうして検証してくると、蘇我という氏族名はスサノヲの直系でなければ名乗るのが憚《はばか》られるような名であると得心できる。そして「あすか」とは「あ・すが」であるという語源を思い起こせば、飛鳥の地こそはまさに蘇我氏の本貫地であるのだと確信できるだろう。

素鵞社こそは、蘇我氏のルーツを明らかにする最重要な手掛かりであるだろう。そして出雲は、蘇我氏の故地であると、その語源は示しているのではないだろうか。蘇我氏についての詳論は、拙著『怨霊の古代史』『オオクニヌシ』（いずれも河出書房新社）を参照されたい。

歴代天皇で唯一暗殺された崇峻《すしゅん》天皇

丁未《ていび》の乱（五八七年）で、物部守屋《もののべもりや》を討伐する蘇我軍に担がれたのは、馬子の甥の泊瀬部《はつせべ》皇子であった。対抗していた穴穂部《あなほべ》皇子はすでに討ち取り、これに勝てば皇位が約束されていた。翌五八八年、皇子は蘇我氏の後見により即位して崇峻天皇となる。

ところが、崇峻五年の一一月三日、馬子は「今日、東国から調が奉られる」と群臣を騙し天皇を臨席させ、そして東漢直駒《やまとのあやのあたいこま》を使って、天皇を暗殺した。そしてその日のうちに、遺骸を倉梯岡陵《くらはしのおかのみささぎ》に埋葬した。

書紀にはさらに一書《あるふみ》からの引用による補足説明がある。——天皇の嬪《みめ》・小手子《こてこ》が、寵愛の衰えたことを恨んで、蘇我馬子《そがのうまこ》にこう讒言《ざんげん》したという。

「この頃、猪の献上がありましたが、天皇は猪を指さして、『いつの日かこの猪の頸を斬るように、自分が嫌う者を斬りたいものだ』と言われ、内裏に多くの武器を集めておられます」

と。これを聞いて馬子はたいそう驚いたという。

実は「猪」には〝伏線〟がある。第三〇代敏達《びたつ》天皇崩御の際、殯宮《もがりのみや》（葬儀場）において馬子は刀を帯びて誄《しのびごと》（弔辞）を述べた。これを見た物部守屋は「猟箭《ししや》で射られた雀のようだ」と嘲笑したのだ。「ししや」とは、猪を狩るための矢であって、それが突き刺さった雀のようだと言って、ずんぐり体型の馬子が長い刀を佩《は》いている姿を喩《たと》えたものだ。猪になぞらえたのでは笑いものにならないので、ずんぐりしていて最も小さな雀とすることで貶めたものだろう。すなわち、当時の宮廷において馬子が猪に似ていることは共通認識であったのだ。

暗殺実行後の同月、駒は蘇我嬪河上娘《そがのみめかわかみのいらつめ》（馬子の女《むすめ》であり、崇峻天皇の嬪）を奪って自分の妻とした。馬子は、嬪を汚したことを理由に、駒を殺した。

歴代の天皇で〝殺害された〟と明確に書紀に記されているのは崇峻天皇が唯一である。他には、ない。しかも「蘇我馬子が犯人」だと明記されている。天皇の殺害は最も重い犯罪である。「犯人」である馬子は当然ながら重罪として罰されていなければならないのだが、そのような事実はまったくない。これはどうしたことだろう?

馬子主犯説は、書紀に明記されているのだから疑問の余地はない。実行犯である東漢直駒は、崇峻天皇を殺害した直後にはとくに罪を問われず、その後天皇の嬪となっていた馬子の娘を奪ったことで殺害された。これは天皇を殺した罪よりも、馬子の娘を略奪した罪のほうが重い、と読めてしまうが、もちろんそんな馬鹿な話はない。飛鳥時代には、天皇《おおきみ》殺害より重い罪はないのだ。

そもそも弑逆《しいぎゃく》を命じたのが馬子であるならば、罰せられるのは馬子であるはずで、とすれば弑逆の罪は誰にも問われていないということになる。

しかし書紀が蘇我氏に遠慮する謂《いわ》れはまったくない。むしろ書紀は基本的に「蘇我氏を貶める」というのが編纂目的の一つである。

馬子は、先帝・用明天皇には姪の穴穂部間人皇女《あなほべのはしひとのひめひこ》を皇后に入れるところまで到達し、今回はついに甥を皇位に就けることができた。最大のライバルである物部守屋は穴穂部皇子を立てて競合したが、これにも勝った。守屋を討伐したことで、馬子は完全なる勝利を獲得した。まさに「我が世の春」である。

また、崇峻天皇死後の朝廷の対応も、きわめて不自然なものであった。天皇（大王）であったにもかかわらず、最も重要な儀式である殯《もがり》がおこなわれなかったのだ。これは当時としては到底考えられないことであって、しかるべき重大な理由がなければならない。

天皇（大王）や皇族の死に際しては、通常は御陵建設のためもあって一年以上は殯をおこなう。第三〇代敏達《びだつ》天皇は五年八ヶ月、前天皇の第三一代用明天皇は四年もの長きにわたる殯がおこなわれている。陵墓建設と併行して遺骸が白骨化するまで見守り、死を確認する意味もある。

ところが崇峻天皇は、弑逆されたその日のうちに陵《みささぎ》に葬られている。慌ただしく埋葬するのは理由があるからだ。すばやく葬ったのは、その死因から考えて怨霊となる確信があったからだろう。一刻も早く葬って鎮魂しなければ怨霊となる。当時の宗教観の基本は〝怨霊の祟り〟への恐怖である。

崇峻帝殺害によって利を得たのは誰か。古代において皇族が殺害されるのは、皇位継承争いと相場は決まっている。となれば、直後に即位した者こそが最も疑わしいことになる。それは、誰か？

崇峻帝の暗殺後一ヶ月で第三三代推古天皇として即位する炊屋姫と、その皇太子として敢然と登場する厩戸皇子は、誰よりも大きな利を得たことになる。そして炊屋姫は馬子の姪であり、厩戸皇子は馬子の甥である。

またもし馬子が主犯で有罪であるなら、この二人も連座するのが当然であるが、馬子を主犯と記す書紀にそのような記述はない。そればかりか死後たった一ヶ月後に、天皇と皇太子になっている。彼らは崇峻帝の崩御に際して殯をおこなわないことについて、最も近しい皇族として少なくとも異を唱えるべき立場にある。だから連座もせず、異も唱えないのは、きわめて不自然である。彼らこそが主犯であろうと考える所以《ゆえん》である。


歴史上ただ一人「臣下に殺された天皇」となった崇峻帝は、寺院と神社にそれぞれ鎮魂されている。四天王寺（大阪市天王寺区四天王寺）は物部守屋に次いで、崇峻帝の御霊《みたま》を鎮めた。また同時に、四天王寺の守護社である河堀稲生《こぼれいなり》神社（大阪市天王寺区大道）、および堀越神社（大阪市天王寺区茶臼山町）にも崇峻帝の御霊を祀り、二重に鎮魂した。河堀稲生神社由緒には「四天王寺創建と共に此の昼ヶ丘に社殿を建て、崇峻天皇を祭祀し、四天王寺七宮の一宮として稲生大明神と併祀す。」とある。

堀越神社由緒には、「折しも蘇我氏の全盛時代であり、とくに大臣の蘇我馬子の専横はなはだしく、帝は深く憂慮されて馬子を除こうとされたが、却って馬子の奸智にたけた反逆にあい倒れられた。」とある。――しかし、その祟りを恐れた人物たちこそが、これらを祀った者たちであるだろう。

❖**四天王寺**　大阪府大阪市天王寺区四天王寺
【本尊】　救世観世音菩薩
【創建年】　推古天皇元（五九三）年
【開基】　聖徳太子
❖**河堀稲生神社**《こぼれいなり》（通称・河堀《かわほり》神社）　大阪府大阪市天王寺区大道
【祭神】　宇賀魂大神《うかのみたまのおおかみ》　崇峻天皇　素盞嗚
❖**堀越神社**　大阪府大阪市天王寺区茶臼山町
【祭神】　崇峻天皇　（配祀）小手姫皇后　蜂子皇子　錦代皇女

古くから祭祀・軍事ともに掌握していた物部氏を滅ぼした蘇我氏本宗家は、その直後から頂点に立った。天皇家との閨閥《けいばつ》も確保し、宗家の長子たる蘇我入鹿は皇位さえしのぐほどの地位に昇りつつあった。

しかし崇峻帝殺害すなわち「天皇を殺害した」という事実は、この数年後に、蘇我氏本宗家の蝦夷・入鹿を殺害し、新たな氏族界から抹殺する結果を招いたのではないだろうか。そのため、『新撰姓氏録』には蘇我氏の名はないということではないかと推測する。

中臣氏に消された忌部《いんべ》氏

かつてわが国は大麻《たいま》先進国であった。その活用においで戦前まではおそらく世界一の先進国であったと思われる。大麻の活用の最たるものは大嘗祭をはじめとする神道祭祀においてのものであるが、そのことに大きく寄与した氏族がいた。これを忌部《いんべ》（斎部《いんべ》）氏という。『新撰姓氏録』には「神別・天神」として「斎部宿禰《いんべのすくね》」一氏のみが収載されている。祭祀氏族としては最も古い血統でもある忌部氏は、中臣氏の出現によって祭祀権を奪われ、名を斎部氏へと改めたものである。しかし斎部氏はその後も結局は中臣氏の勢力に押されるままに歴史の表舞台から消え去ることとなる。

忌部氏は、記紀の天岩戸の段に登場する天太玉命《あめのふとだまのみこと》を祖とする。天岩戸開きは祭りの原型でもあるので、すなわち最も古い祭祀を執り行なった謂れを持つ氏族である。橿原の忌部を本貫地とし、各地の忌部を統率して朝廷の祭祀を司った。古代において、朝廷の祭祀執行は忌部氏が第一であった。

ところが新興の中臣氏が、大化の改新以後、同族の藤原氏の権力を背景に朝廷祭祀の主力となり、これより急速に忌部氏は勢力を失った。なお、中臣氏は天児屋命を祖とし、こちらも天岩戸開きに登場している。そして記紀の記述においては天太玉命《あめのふとだまのみこと》より重要な役割となっているのだが……。

そこで、平安時代初期に、「忌《い》む」という字から「斎《いわ》う」という吉字に改め、さらに一族の斎部広成《いんべのひろなり》が『古語拾遺』を著して、忌部（斎部）氏の上位性を説いた。中臣氏（藤原氏）の手になる『古事記』『日本書紀』が、それぞれ七一二年、七二〇年に成立し、忌部氏（斎部氏）の『古語拾遺』はこれらに遅れること数十年の八〇七年に成立である。拾遺では、天太玉命を高皇産霊尊《たかみむすひのみこと》の子とされているが、記紀にはその記述はない。

相前後して中臣氏と忌部氏の争い――伊勢神宮奉幣使の正当性についての相訴は忌部氏勝訴となったが、すでに実態は中臣氏にあり、以後ますます藤原氏は朝廷において隆盛をきわめることとなって、もはや忌部（斎部）氏の復活はなかった。

ちなみに品部《ともべ》（職業集団）としての忌部は各地でその役割を果たし、地方氏族として足跡を残している。『古語拾遺』では、天太玉命に従った五柱の神を「忌部五部神」として、各忌部の祖としている。以下に役割と祖神、氏神社を示す。

伊勢の忌部　刀・斧の貢納　【祖神】天目一箇命《あめのまひとつのみこと》（忌部五部神）

❖**長深《ながふけ》御厨《みくり》神明社**　三重県員弁《いなべ》郡東員《とういん》町

【祭神】天照大神（合祀）誉田和気命《ほむだわけのみこと》 天津児屋根命《あめのこやねのみこと》 大鷦鷯命《おおさざきのみこと》 須佐之男命《すさのおのみこと》 宇迦之御魂《うかのみたまの》神《かみ》 天目一箇命《あまのまひとつのみこと》 豊受比売命 天津日子根命

紀伊の忌部　材木の貢納　宮殿・社殿造営　【祖神】彦狭知命《ひこさしりのみこと》（忌部五部神）

❖**鳴《なる》神社**　和歌山県和歌山市鳴神

【祭神】速秋津彦命《はやあきつひこのみこと》 速秋津姫命 天太玉命

阿波の忌部　木綿・麻布の貢納　【祖神】天日鷲命《あめのひわしのみこと》（忌部五部神）

❖**大麻比古《おおあさひこ》神社**（阿波国一宮）　徳島県鳴門市大麻町

【祭神】大麻比古神《おおあさひこのかみ》（天太玉命）

讃岐の忌部　盾の貢納　【祖神】手置帆負命《たおきほおいのみこと》（忌部五部神）

❖**粟井《あわい》神社**（刈田大明神）　香川県観音寺市粟井町

【祭神】天太玉命

出雲の忌部　玉の貢納　【祖神】櫛明玉命《くしあかるたまのみこと》（忌部五部神）

❖**忌部神社**　島根県松江市東忌部《ひがしいんべ》町

大麻比古神社の鎮座する大麻山

【祭神】天照大御神 天太玉神 天兒屋根神

その他、筑紫、安房、淡路、美濃、備前、越前など。また、員弁《いなべ》なども同族。

これらとは別に、**京師の忌部**があって、品部全体を管掌した。祖神を天太玉命として、忌部五部神の上位としているが、実態は秦《はた》氏・漢《あや》氏と並ぶ渡来系の名族である。

これに対して、各地の品部は縄文の血脈を引く土着の人々であり、渡来系氏族である忌部《いんべの》首《おびと》（後に忌部連、忌部宿禰）の直接管理によってそれぞれの技術指導を受けて始まったものであるだろう。

つまり忌部氏とは、その名の通り「忌事《いみごと》（祭祀事）」の部民として発したが、次第に品部をも含めた概念となる。そのゆえに、狭義では全国の品部を統率支配する中央氏族を指し、広義では支配された部民をも含む。つまり、祭祀氏族であるとともに一定の権力を持つ者と、各地で職業に従事する者との二重構造になっている。

なお、東国の安房《あわ》は、四国の阿波《あわ》忌部が遷《うつ》ったことに由来するとされる（『古語拾遺』）。阿波には古くから麻が自生しており、縄文人は暮らしの中に取り入れていた。渡来の忌部氏はそれを組織的に栽培するよう指導し、朝廷の祭祀にも深く関わった。安房にも古くから麻は自生しており、こちらもやはり縄文人の暮らしの中に取り入れられていた。忌部氏は阿波で培った技術を部民ともども安房に持ち込み、祭祀の根幹に関わる麻の組織的生産を一手に掌握した。

こうして歴史を振り返ってみると、忌部氏は「麻《あさ》」をもって祭祀族として朝廷に深く関わったが、「麻」は残り、忌部氏は消えた、ということになる。つまり、忌部氏は縄文から続く「麻」の文化を朝廷に根付かせ、現代に続く神道の根幹となすことがその歴史的役割であったのだろう。後発の安房忌部は、いわば集大成であったのかもしれない。安房神社の祭祀形態がそれを示唆している。

❖**安房《あわ》神社**（安房国一宮）　千葉県館山市大神宮

【祭神】

上の宮（本宮）
天太玉命《あめのふとだまのみこと》（配祀）天比理刀咩命《あめのひりとめのみこと》（妃神）

忌部五部神
櫛明玉命《くしあかるたまのみこと》　出雲（島根県）忌部の祖。装飾・美術の神。
天日鷲命《あめのひわしのみこと》　阿波（徳島県）忌部の祖。紡績業・製紙業の神。
彦狭知命《ひこさしりのみこと》　紀伊（和歌山県）忌部の祖。林業・建築業・武器製造業の神。
手置帆負命《たおきほおいのみこと》　讃岐（香川県）忌部の祖。林業・建築業・武器製造業の神。
天目一箇命《あめのまひとつのみこと》　筑紫（福岡県）・伊勢（三重県）忌部の祖。金属鉱業の神。

下の宮（摂社）
天富命《あめのとみのみこと》　天太玉命の孫神。
天忍日命《あめのおしひのみこと》　天太玉命の兄弟神。

ちなみに「アワ（アハ）」とは阿波、安房ともに同音であって、忌部氏の管轄となったことにより、安房は阿波にちなんで名付けられたとされている。
では、そもそも阿波はなぜ「アワ（アハ）」なのかといえば、古来この地が粟の生産に適していたからであろう。そして粟は、稲の栽培が盛んになるはるか以前より、最も重要な産物の一つであり、太陽の恵み、大地の恵みの最たるものであり、すなわち神前に供えて感謝する象徴となる産物であった。そしてその名残は、天皇みずから執り行う宮中祭祀の大祭である新嘗祭《にいなめさい》（大嘗祭《だいじょうさい》）において、供えるものが稲と粟であることにも示されている。これはすなわち、弥生と縄文の統合祭祀である。そして東国の安房も、縄文時代から粟が収穫されていたのではないかと思われる。アワビのような稀少な産物よりも、全土で広く豊かに収穫される粟のほうがより象徴的にこの風土を体現しているように思われる。

ちなみに、

忌部の祖神・天太玉命を祭神とする神社　三三〇社
出雲忌部の祖神・櫛明玉命を祭神とする神社　五八社
阿波忌部の祖神・天日鷲命を祭神とする神社　一七二社
紀伊忌部の祖神・彦狭知命を祭神とする神社　一〇六社
讃岐忌部の祖神・手置帆負命を祭神とする神社　一一〇社
伊勢忌部の祖神・天目一箇命を祭神とする神社　一五六社

に上る（一部重複あり）。これだけの神社が忌部氏の配下にあったとすれば、一大勢力であったことがわかるだろう。『新撰姓氏録』神別に一氏のみしか収載されていないのは、まことに不条理というものである。

出雲氏の血統

出雲氏は、出雲臣として『新撰姓氏録』の神別氏族・天孫として収録されている。

しかしもとは「伊豆毛」氏という表記であって、縄文由来の土着の血統である。出雲国造としては一四世紀に本家は千家氏、分家は北島氏との二家に分かれ、以後は並立しているが出雲を名乗るのをやめてしまった。

この時、なぜ「出雲氏」の名乗りを廃止したのか明らかではないが、国造家の本来の氏はあくまでも「出雲」である。もとは「伊豆毛」であるが、土蜘蛛《つちぐも》や国栖《くず》と同種の蔑称であったことから出雲という吉字好字に置き換えた。そしてついには氏としての名乗りも変えてしまったのは、「いづも」というヤマト訓をよほど嫌ったゆえであるだろうが、さすがに国名まで変えることはできなかったようだ。

出雲国造は、天神《てんじん》・天津神《あまつかみ》の系譜にあると『新撰姓氏録』に明記されている。崇神天皇の御代に宇賀都久怒《うかつくぬ》（天穂日命《あめのほひのみこと》の一一世孫）が国造に任命されてより、氏族名を出雲氏と名乗り、出雲国造の称号と、出雲大社の祭祀権を、氏族の長が代々受け継いできた。『先代旧事本紀』の「国造本紀」に従えば、確かにこの通りである。つまり、皇族の裔が任命されて出雲氏を名

出雲大社本殿

乗り、以後代々世襲しているということになる。それゆえに、「神別・天孫」であるとされている。

祖神であるアメノホヒ（天之菩卑能命、天菩比命、天穂日命）は、アマテラスの第二子で、アメノオシホミミの弟神である。オシホミミは天皇の祖神であるから、出雲国造家は天皇家とは兄弟の血統ということになる。

再度引用するが、宮地直一は『神祇史綱要』（明治書院）の中で、こう述べている。

「『延喜式』の神名帳によって、出雲系の神を祭った神社の分布を見ると、出雲系の神社の存在する範囲は極めて広汎であって、まず出雲を中心として広く山陰山陽から、東北は北陸並に信濃に及び、南は大和から紀伊に及んで居る。中でも大和平野はこの寿詞にも見えているように、三輪山の大物主神の社を始めとして、鴨雲梯飛鳥等の諸社が散在していて、上古に於ける出雲系の氏族の勢力の、盛大であったことを想像せしめるのである。」

これによって明らかになるのは、

一、三輪、葛城、橿原、飛鳥を含む大和地方は元々はオオナムチ（大国主神《おおくにぬしのかみ》）が祭祀権を持っていた。つまり、領地であった。

一、天皇はこの時初めて飛鳥に皇居宮殿を構え、そこでオオナムチから国譲りを受けた。すなわち、譲られた国とは、「大和を中心とした出雲国」である。

寿詞に「八百丹杵築宮《やおにきづきのみや》に静り坐しき。」とある。オオナムチ自身は、これらの祭祀を設定した後、「八百丹杵築宮」に鎮座したのだ。

古来、これを現在の出雲大社と同一であるとするのが定説である。本居宣長でさえも『出雲国風土記』の由来一節を引くのみで所見は明らかにしていないが、異論の要はないとの意味であろう。

しかし、はたしてそうだろうか。私は「八百丹杵築宮」を現・出雲大社すなわち杵築大社とするには不足であると考えている。そもそも「八百丹」とは「杵築」の枕詞で、二語一体でたくさんの赤土を杵《つ》き固めて築いた宮との意であって、これは固有名詞ではなく一般名詞である。

つまり、「八百丹杵築宮に静り坐しき」との記述だけでは、当該地を特定できないのではないだろうか。しかしここだけ場所の提示がないというのも不自然だ。であるならば、具体的には地名も社名も述べていないが、当然周知されている神社ないしは神奈備《かんなび》（神が鎮座する山や森）を指すものではないかと考えられる。

出雲大社の前代の呼称である杵築大社も、とくに固有の名称ではなかったということもある。明治になって、それまで用いられていた杵築大社という呼称を廃止して、突然出雲大社と名を変えた理由の一つもそこにあったかもしれない。杵築大社より以前は天日隅宮《あめのひすみのみや》と称していたが、杵築大社が最も長期間用いられていた。これは、固有名詞を付さないという古社特有の慣例でもあっただろう。伊勢の神宮や宇佐神宮などにも固有名詞はないように。

そしてここで、八百丹杵築宮と述べているのは、文言の流れで三輪、葛城、橿原、飛鳥に連なる地であろうと考えるなら、大和山辺都祁《つげ》の葛《くず》神社（祭神・出雲建雄神）を私は候補に挙げたい。

❖葛神社　奈良県奈良市藺生《いう》町

【祭神】出雲建雄神

当社は、式内社である出雲建雄神社の論社であって、祭神の出雲建雄は、ヤマトタケルに討たれた出雲建（出雲梟師）であろうと私は考えている。とすれば、この地こそは前・出雲の当該地であろう。

なお、神賀詞奏上の歴史的経過を鑑みれば、いささか離れても丹波亀岡の出雲大神宮も検討の余地があるだろう。出雲大社には、もともとオオクニヌシの霊威は、亀岡の出雲大神宮から遷祀《せんし》されたとの伝承があるのだ。

❖出雲大神宮　京都府亀岡市千歳町千歳出雲

【祭神】大国主尊 三穂津姫尊 少那姫尊

いずれにしても、天皇の御代を言祝《ことほ》ぐための祝詞でありながら、肝腎の社が、単独で飛び離れていてはいかにも不自然であるだろう。ただ、神賀詞が長年にわたって継承されるなかで、八百丹杵築宮＝杵築大社（出雲大社）と解釈するようになっていったのはそれなりの理由があったとも考えられる。もとは大和地方の神話であった出雲神話を、僻遠《へきえん》の地の出雲神話へと移し替えるには、そのほうが都合がよかったのだ。

神賀詞の奏上の文言は、出雲国造家が天皇の臣下であると明確に示している。要するに国造家が、あるいは祖神のアメノホヒが天皇家と同一の血脈に連なるというのは後付けの創作であると考えられる証左の一つがここにある。

また、各地の主要な国造家が（たとえば海部氏、尾張氏、津守氏など）いずれも渡来の海人族の出自であることも、出雲氏の（あるいはアメノホヒの）来歴を疑わしめるものであろう。

第四章――

国体の本義

……天皇号の発明と国家の開闢《かいびゃく》

崇神《すうしん》VS崇仏《すうぶつ》

前章の補足をしておこう。祭祀氏族が台頭し、祭祀の重要性はいよいよ国家のゆくえを左右する段階に入ってきた。古来の神道祭祀に加えて、新たに仏教が移入され、「まつりごと」は誰が国家の祭祀を支配するかという点に焦点は絞られる。これは、実質的な主権者である「神別」の主導権争いでもあった。

仏教の導入と、その政治的な活用を図ったのが蘇我氏であるとされる。その証しとして、みずから寺を建設し、身内の者を僧とすべく留学させている。

これに反対する「排仏派」の代表が穴穂部皇子《あなほべのみこ》と物部守屋《もののべのもりや》であった。三輪氏も、物部氏とともに反・仏教派の代表格であったので、同派で潰し合いをしたことになる。そのゆえに、これも蘇我氏の策謀であったのではないかという説もある。確かに物部にとっては味方陣営ともいうべき神祇派の有力者を失ったことになるが、これには別の意味がある。

この当時、仏教はまだ脅威ではなかったのだ。満足に寺もない状況で、仏教の何たるかもごく少数の者にしか知られていない。したがって「仏教対神道」というような対立の構図にはかなり無理がある。「敵」に価《あたい》するほどの脅威となるのは、まだまだ先のことだ。

しかし実は、これこそは別の意味で「宗教戦争」であった。「仏教対神道」ではないが、古代ヤマト朝廷における宗教上の主導権争いであり、ヤマト朝廷の祭祀を決定付ける争闘であったのだ。――ただし、「蘇我氏の仏教」は目眩《めくら》ましである。真相は、「神道対神道」つまり「神祇派」の中での主導権争いである。

飛鳥の地は、もともと三輪山を中心とした大物主神《おおものぬし》の信仰圏である。その宗教的権威を利用してヤマト政権は樹立された。

つまり、この時までヤマト朝廷の祭祀を司っていたのが三輪氏であり、三輪君逆《みわのきみさかう》一家を誅殺することによって、物部氏はそれに取って代わったのである。以後、天皇・朝廷の祭祀は「物部流」となる。具体的には、大神神社から石上神宮への変換《シフト》である。

そして、この体制は、平城京へ遷都される瞬間まで続くことになる。その時、物部は「子飼い」と思い込んでいた中臣にしてやられるのだが、それについては後で述べることにする。

この争闘の結果、三輪神は一地方神となり、物部神道は国家神道となった。

しかし、その物部の氏の上である守屋大連を、蘇我馬子は容認しなかった。

五八七年、秋七月、蘇我馬子大臣は、諸皇子と群臣たちを召集して、物部守屋大連を滅ぼさんと謀った。すでに討伐された穴穂部皇子を立てて皇位の簒奪を企てた罪であるという。

泊瀬部皇子《はつせべのみこ》、竹田皇子、厩戸皇子、難波皇子、春日皇子、蘇我馬子宿禰大臣、紀男麻呂《きのおまろ》宿禰、巨勢臣比良夫《こせのおみひらぶ》、膳臣賀陀夫《かしわでのおみかたぶ》、葛城臣烏那羅《かつらぎのおみおなら》らがうちそろって軍勢を率い、大連を討った。――泊瀬部皇子とは後の崇峻天皇のことである。前段ではすでに即位していたように書かれているが、「皇子軍」の筆頭に参陣していることから、まだ即位していなかったのだと考えられる。つまり、この戦いはそのまま先述した「対立軸」の戦いである。

泊瀬部皇子――蘇我馬子――仏教

穴穂部皇子――物部守屋――神祇（神道）

どちらも大王候補であるが、泊瀬部・蘇我側に「詔」が発せられたことで「大義」は定まり、穴穂部・物部軍は「賊軍」として討伐されることになったのだ（炊屋姫《かしきやひめ》皇后によるお手盛りの詔勅であるが）。

討伐軍は渋河の守屋の邸宅に至ったが、軍事に長けた物部軍は強かった。

大連はみずから子弟と一族の兵を率いて、稲を積んだ砦（稲城《いなぎ》）を築いて戦った。

ちなみに「稲城」とは稲魂《いなだま》をもって守護とする古神道の呪術である。積み上げた稲に対して矢を打ち込むのは抵抗があるという心理作戦と、稲束はまさに魔除けの呪具でもあった。

これに厩戸皇子も呪術で対抗する。このとき皇子は、瓠《ひさご》形の結髪をして、軍に従っていた。そして白膠木《ぬりで》を切り取り、急いで四天王の像を彫り、束髪の上にのせて誓いを立てた。「敵に勝たせてくれたなら、護世四王のため寺塔を建てる」と。

蘇我馬子大臣もまた誓いを立てた。「勝たせてくれるなら、諸天王と大神王のために、寺塔を建てて三宝を広めよう」と。そしておもむろに軍備を整えて進撃した。迹見首赤檮《とみのおびといちい》が大連を木の股から射落とし、大連とその子どもたちを殺した。これによって大連の軍はたちまちのうちに自滅した。

戦が収まって後に、誓約に従って摂津の国に四天王寺を造った。大連の家の奴（使役人）の半分と居宅とを分けて、大寺（四天王寺）の奴、田荘とした。――物部守屋の神道呪術に対して、厩戸皇子と蘇我馬子の仏教呪術が勝利した記録である。呪術者《オカルティスト》厩戸皇子のデビューでもあった。

蘇我馬子と厩戸皇子（聖徳太子）が、穴穂部皇子と物部守屋を殺害したことについて、『日本書紀』は三輪逆の無念を晴らす「仇討ち」であるかのように記している。「正義」あるいは「大義」がこの殺害事件にはあったと言わんばかりである。しかし、本当にそうなのだろうか。穴穂部皇子と物部守屋は、書紀では前段の三輪逆のくだりで「悪逆」として描かれている。その記述に従えば、二人とも誅殺されて当然と誰もが思うことだろう。しかも、三輪逆を殺害したのが理由ではなく、「皇位を狙った」ゆえに誅殺されるのだ。いわば、悪逆にさらに悪逆を重ねて討たれるというわけだ。書紀の論理では正義は殺害者の側にある。

であるならば、この二人には罰した者を恨む筋合いはなく、すなわち怨霊にはならないはずである。かれらの霊威を誰も恐れないからだ。ところが驚くべきことに、彼らは「慰霊」「鎮魂」されているのだ。

飛鳥・藤ノ木古墳の近年の発掘調査で新しい事実が判明した。同古墳は、法隆寺のすぐ裏手（西側）三〇〇メートルほどのところにある。昭和六二年に、橿原考古学研究所がファイバースコープにより石棺内調査を実施。これによって奇跡的にも未盗掘であったと判明した。それだけに、タイムマシーンのように千数百年の時を超えて、埋葬時の数々の「情報」が現代に届けられたことになる。石棺内に納められていた青銅鏡や大刀など、豪華な副葬品の数々は、平成一六年に国宝に指定。石棺の周囲にも、象や鳳凰などを透かし彫りにした馬具も見出されている。石棺に納められている人骨から、被葬者は一人が二〇歳前後の男性、もう一人は二〇～四〇歳の男性とされる。つまり、男性二人が一緒に埋葬されているということで、これもきわめて異例のことだ。この点からも、何か特別な事情があったものと判断せざるを得ない。

厩戸皇子がこの地に斑鳩宮《いかるがのみや》を建てたのは六〇一年（推古天皇九年）、宮には隣接して寺が建設された。すでにかなり早くから建設には取りかかっていたが、藤ノ木古墳の東側という場所を選んだことは偶然ではない。他にいくらでも土地はあるし、さらに言えば飛鳥から十数キロメートルも離れた場所に、しかもピン・ポイントで墳墓の隣接地を選ぶには理由がなければならないだろう。
この地の選定には、「地理風水」が用いられたと私は考えている。当時、まさに最先端の測量技術として渡来人によって持ち込まれており、宮の候補地や豪族の邸宅地などはこの技術によって選定されていたはずである。とくに蘇我氏に従っていた東漢《やまとのあや》氏が得意としていたものだ。

しかしなぜかそういった事実は伝えられず、代わりに、この地の鎮守神・土地神に導かれたという伝説が残されている。

龍田《たつた》神社（奈良県生駒郡斑鳩町龍田）の由緒にこう記されている。

「聖徳太子（十六才）が法隆寺建立を企てられ橘の京から来られて平群川（竜田川）の辺りに伽藍建設地を探し求められた。その時聖徳太子は椎坂山で白髪の老人に顕化した竜田大明神に会い、まだらばと（斑鳩）で指示して貰った地を法隆寺建設地とされた。即ち「こゝから東にほど近い処に斑鳩の里がある。そここそ仏法興隆の地である。吾また守護神となろう。」依って太子は法隆寺建立と同時に御廟山南麓の地に鬼門除神として竜田大明神を移し祀られた。」

なお、龍田神社の祭神は、天御柱命《あめのみはしらのみこと》と国御柱命《くにのみはしらのみこと》となっているが、もともとの祭神は合祀となっている竜田比古神と竜田比女神である。この神が「龍田大明神」である。

地理風水の技術は、主に渡来系氏族の東漢氏が持ち込んだと思われるが、後に天武天皇の時に「陰陽道」として朝廷の秘術として組み込まれる。したがって書紀にも陰陽道や地理風水についての具体的な記述はきわめて少なく、巧みに被覆《ひふく》されている。

厩戸皇子を竜田大明神が導いたという伝説も、そういった被覆作業の一例ではないだろうか。書紀ばかりか、その後の正史『続日本紀』などでも、陰陽道に関する事績はあえて秘匿されている。安倍氏や賀茂氏が陰陽頭として奏上した事実も「密奏」と録されて、その内容は一切伏せられている。

土地の選定も含めて、斑鳩寺（法隆寺）には謎が多い。金堂の銅造薬師如来坐像の光背銘によると、元々の発願は用明天皇がみずからの病気平癒を祈るためであったが、その遺志を引き継いだ推古天皇と聖徳太子によって完成された、とされる。推古天皇一五年（六〇七年）と記録がある。

しかし実は、国家の正史たる『日本書紀』には創建の記録が存在しない。

二人の天皇による発願で、時の皇太子の宮に隣接して建設された官寺の創建記録がないというのはきわめて不自然なことである。

しかも、その後六七〇年には法隆寺が火災に遭ったという記録があるのだ。正史の叙述に矛盾をきたしていることになる。創建されていない寺が火災になるはずもないので、このことは「創建という事実を後から削除した」ということの証しになるだろう。

なお、正確には厩戸皇子が創建したのは斑鳩寺と呼び、別名が若草伽藍である。そして火災の後に再建されたものが法隆寺と呼ぶ現存の寺塔である。学術調査によってすでに明らかになっているが、斑鳩寺（若草伽藍）の上に法隆寺は建設されているが、角度がわずかにずれており、また再建建築は創建時より規模が大きい。

斑鳩寺（法隆寺）は、藤ノ木古墳の被葬者を慰霊するために元々は創建されたのだ。

つまり、穴穂部皇子は死後、怨霊となって祟りをなしていると考えられていたのではないだろうか。書紀の記述では、穴穂部皇子はあまりにも悪逆非道に描かれており、神祇派の人々が皇位継承者として盛り立てる人物としてこれほど相応しくない人物もいないとさえ思わせる。宅部皇子《やかべのみこ》をはじめとして他にも候補者は少なくない。

それならば逆に、穴穂部皇子は、むしろ他の候補者を押しのけてでも盛り立てるべき人格・識見が備わっていたのではないかとさえ想像させる。蘇我馬子は、だからこそ全力を挙げて排除しようとしたのではないか。とすれば穴穂部皇子と物部守屋の組み合わせは最強である。いかなる名目を付けてでも、これを排除しなければならないと考えて無理はない。穴穂部皇子の人物像については、あくまでも私の想像にすぎないが。

しかもここに不可解な記録がある。馬子の妻は守屋の妹なのだが、その妻の「計」によって守屋を討ったという「噂」があった。これは何を意味するものだろう。守屋の死後、ヤマト随一といわれたその資産は解体された。後にその奴（労働者）の半分と田荘の相当部分を四天王寺のものとした。

藤ノ木古墳と法隆寺の存在が示すように、穴穂部皇子は冤罪で殺されたのであり、怨みが残って当然の立場であったと考えられる。仏教派の蘇我氏一族（厩戸皇子も含まれる）によって、穴穂部皇子は必要以上に、あるいは事実と異なる冤罪で貶められたのではないか。

そして斑鳩寺＝若草伽藍＝法隆寺は、その後も「慰霊施設」「鎮魂施設」として国家的レベルの怨霊鎮めに使われることとなるのである。

物部守屋の慰霊鎮魂

さてそれでは、もう一人の〝悪役〟である物部守屋は、死後その霊の扱いはどうなっているのだろうか。

あまりにも有名な〝事実〟が『日本書紀』に記されている。先に紹介した中の一節、厩戸皇子の「祈願」である。すなわち、

「物部守屋との戦いに勝たせてくれるなら、四天王を祀る寺を建立しよう」

というものだ。

その結果、約束通り六年後の五九三年（推古天皇元年）に、厩戸皇子によって創建されることとなった。これが今に続く四天王寺の大伽藍である（戦乱の直後に守屋の屋敷跡地に簡素なお堂を建立し、これを元四天王寺としている）。

❖四天王寺　大阪府大阪市天王寺区四天王寺

【本尊】救世観世音菩薩
山号　荒陵山《あらはかさん》
宗派　和宗
寺格　総本山
開基　聖徳太子

四天王寺は蘇我馬子の法興寺（飛鳥寺）と並び日本における本格的な仏教寺院としては最古のものである。聖徳太子建立七大寺の一つとされている。

この地は、荒陵《あらはか》という元の地名からも察せられるように、四天王寺が建立される前は古墳であった。――ちなみに、ほぼすべての寺院は、それ以前に神社か古墳のあった場所を奪って建立されていると私は考えているのだが、テーマから大きく逸れることになるのでここでは詳しくは述べない。――四天王寺の庭園の石橋に古墳の石棺が利用されていることはその証しであ

四天王寺西門・石の鳥居（戦前の写真　著者蔵）

る。

四天王寺は、物部守屋との戦いに勝利することができた、その加護の返礼に建立したというのがいわば「公式発表」である。しかし実態は、物部守屋の怨霊を慰霊鎮魂するために建立されたものである。四天王寺西門にはその巨大な「証左」がそびえ立っている。四天王寺の象徴ともいうべき「石の鳥居」である。

「四天王寺の鳥居」は日本三鳥居の一つとして有名だ。「えっ、寺なのに、鳥居？」と思うのも無理はない。まして四天王寺は創建当初から純粋な寺であって、しかも日本で最も古い部類に入る。後世の神仏習合や神宮寺・別当寺などとはまったく次元が異なるのだ。

ちなみに「日本三鳥居」とは、吉野「銅の鳥居」、安芸の宮島「木の鳥居」、そして大阪四天王寺「石の鳥居」である。

現在のものは一二九四（永仁二）年に造られたもので、それでも日本最古の石造りの大鳥居の一つとされている。重要文化財に指定されており、扁額には「釈迦如来 転法輪処 当極楽土東門中心」の文字がある。つまりこの鳥居の彼方に浄土はあるのだ。

しかし鳥居というものは古いものは木製であって、造り直されるうちに石や銅で再建される。したがってこれも当初は木製の鳥居が建てられて、以後何代目かの鳥居だろう。

それにしても何故、ここに巨大な鳥居が立っているのかといえば、これこそは結界の封印である。梅原猛氏が指摘した法隆寺中門の奇数の柱どころの話ではない。堂々たる封印である。

しかし西門が封印されていたのでは、西方浄土との往来はできないことになる。つまり、四天王寺は寺院の本来あるべき役割や使命とは無縁のもので、孤立した慰霊施設であるということになるのではないだろうか。殺害者たちの恐怖心が、法隆寺と四天王寺を造らせた。誰が、誰の怨霊を恐れていたのか、それはもはや言うまでもない。そして四天王寺も法隆寺とともに、この後「慰霊施設」「鎮魂施設」として国家的レベルの怨霊鎮めに使われることとなる。

四天王寺が当初の創建地である玉造から現在地に移転したのは、まさか当初の堂塔が啄木鳥《きつつき》につつき壊された訳でもあるまいが、少なくとも守屋の霊威や祟りを畏れていたことは間違いないだろう。移転移築した現在の四天王寺を守っている「西門の大鳥居」は、その証左であろう。寺院にとっては西方浄土への門を意味する西門は最も重要である。にもかかわらず、創建以来この大鳥居を撤去することはついになかった。もともとは守屋祠のために造られたものが（当初は木造）、さながら四天王寺そのものの正門のようになっているのは撤去できない理由があるからだ。

言うまでもないが、寺に鳥居は不要である。寺にとっては「異教の象徴」であるのだから、邪魔にこそなっても、歓迎するような類のものではない。

ちなみに四天王寺とは異なる事情であるが、全国各地の寺院で境内に鳥居を見る例は少なくない。これは、明治維新の際に神仏分離が発令された結果、神仏習合の形となっていた寺院に残ったものである。現住の僧侶たちの本音は撤去したいようだが、手を着けたという話はまったく聞かない。数百年から、あるいは千年以上もの間守護されてきて、今それを撤去することには躊躇も畏怖もあるだろう。

全国の寺院がそうであったように、四天王寺が大鳥居を建てたのは、寺の力だけでは足りずに神祇の力を頼ったからに他ならない。これは「封印」である。物部守屋の怨霊を恐れるあまり、神仏合同の力を借りて封印したのだ。もう一度西門大鳥居の写真を見ていただきたい。なんというあられもない姿だろう。後々に神仏習合がおこなわれて各地の寺社に混交状態が現出するのは、いわば自然の成り行きである。しかし四天王寺は日本の仏教史上最も古い寺院の代表格であるのに、これを排除できなかったのだ。

なお、四天王寺所蔵の刀剣「丙子《へいし》椒林《しょうりん》剣」は、厩戸皇子の佩刀《はいとう》であったとされ、また物部守屋頸斬りの刀と伝えられている。玉造に最初に四天王寺が創建された際にはこれを埋めた上に仏壇を設けて供養したとのことで、現在地に移転するのに伴って剣も遷された。しかも長く錆びた状態で放置されて、江戸時代に入ってから研磨されて初めて刀身に象嵌された丙子椒林の四文字が明確に読み取られたのだという。

一見不可解に思えるこの処遇は、守屋の供養という観点からするとむしろ正しい処遇であろう。頸を斬った恨みの剣なのだから、仏壇の下に埋設して、錆びて朽ち果てるに任せるのが供養であるだろう。ところが現在は一点の曇りもなく研ぎ上げて、ガラスケースに展示されている。上古刀としては最上の出来ということで国宝にまで指定されて大切に保管されているのだが、本来の主旨に反しているのではないか。四天王寺としてはやはり供養をこそ優先すべきであって、埋め戻すのが正しい処遇ではないのだろうか。

四天王寺は馬子が、物部守屋の菩提をとむらうために造った寺である。厩戸皇子が誓願により創建したというのは真相を隠すための美化、創作である。いわゆる「聖徳太子伝説」はこういった作為に満ち満ちているのだが、その始まりとも言える神話であろう。わずか一三歳で物部との戦に従軍した厩戸皇子は、戦勝を祈願して四天王の像を彫り、さらに戦勝の御礼として四天王寺の建立を約したことになっている。

しかし厩戸皇子は四天王寺建立に直接の関係はない。厩戸皇子が造ったのは斑鳩寺、すなわち再建前の全焼した法隆寺、いわゆる若草伽藍である。しかも建立のそもそもの理由は自力得度のためであった。

玉造の元四天王寺はあわただしく建立されている。記録には崇峻天皇二（五八九）年七月三日立柱、八月二〇日落慶となっている。この程度の日数で建設できる規模であったということであるから、お堂といった程度のものだろう。物部守屋の怨霊をいかに恐れていたか、そして一刻も早く鎮魂しようとしたかが察せられる。


聖徳太子の命日の大法要を、とくに「聖霊会《しょうりょうえ》」という。聖徳太子の神霊と会するの意であるだろう。聖徳太子にとくに縁の深い寺である四天王寺と法隆寺で催される。

四天王寺では毎年四月二二日（本来は旧暦の二月二二日）の聖霊会に舞楽が奉納される。

法隆寺では、例年は聖徳太子の旧暦に合わせた祥月命日、三月二二日〜二四日に「お会式」が行われ大法要は行われないが、とくに一〇年に一度おこなわれる大法要（大会式）は「聖霊会」とよばれて、舞楽が奉納される。

双方の奉納舞楽のなかでも「蘇莫者《そまくさ》」という曲に梅原猛氏は注目した。蘇莫者の姿は異様である。装飾的な装束は舞楽特有のもので格別語るべきものはないが、その面と蓑に特徴がある。面は長い金髪で、真っ黒に塗られた猿面であり、しかも舌を出している。全身毛むくじゃらでツノ（記録では一本だが、古くは二本であったとも）がある怪物が、舞台狭しと踊り狂う。舞楽の曲としてはきわめて特異な内容だ。

　また蓑は呪力の象徴。天狗の隠れ蓑、あるいは秋田のナマハゲが鬼面に蓑であるように、「妖異」であろう。『信西古楽図』収載の蘇莫者がより元の形に近いはずである。こうした蓑によるシンボライズは日本独特のものであるから、蘇莫者の姿も日本で生まれたもので、天狗や鬼の仲間であるだろう。舞にも特異な振りがある。

「舞台にあがった舞人の動きも、たとえば、背を屈めながら小走りに細かく動く、小さく飛び跳ねるなど、通常の舞楽の舞の動きとはずいぶんと異なる舞振りとなっています。」（南谷美保『四天王寺聖霊会の舞楽』東方出版）

「蘇莫者」の原型は唐から輸入されたものと考えてまず誤りではないだろう。そのあたりの考察は、那波利貞『蘇莫遮攷《こう》』（紀元二千六百年記念史学論文集、京都帝国大学）に詳しい。同論文によれば、元は「蘇莫遮」と書き、「蘇莫の遮帽」の意であり、それは「サマルカンド風俗の面首擁蔽物」（同書）という意味であるという。

　すでに江戸期に、新井白石も『楽考』でこう論じている。

「蘇莫者　者當作遮　唐の時所謂西胡渾脱舞也　蘇莫遮は高昌国の女子の帽子の名なり。」

　しかし本曲の内容は、この呼び名とは直接関係ないことを那波氏は論証している。蘇莫遮の呼び名で数曲が存在するところから、「サマル地方の歌舞楽曲」の意であるとする。「遮の字を外国或は異民族伝来のその風俗に基く歌舞楽曲を意味する漢唐宋時代の俗語ならむ」（前掲書）

また那波氏は、その舞種は白石も指摘しているように「渾脱舞《こんだつ》」であると解説している。「渾脱」とは聞き慣れない言葉であるが、日本の雅楽・舞楽にはまったく取り入れられなかった様式であって、舞楽の一つの原型であるという。

「渾脱が蒙古語或はその類族語であり、遅くも唐代以後、動物の骨肉を空去《あつきょ》し、皮を形の儘に残じた空虚の嚢状のものを呼んだものであり、同時に一般に嚢橐《のうたく》をもかく称したことは疑を容れない。従つて渾脱舞といふのは一種の渾脱を帽子として被つて舞うたのに因んで起つた名と思はれる。」（羽田亭「舞樂の渾脱といふ名稱につきて」）

いくつかの古い事例も挙げられていて、玉兎渾脱、羊頭渾脱といった舞名が残っているのは、文字通り兎や羊の渾脱つまり剝製の一種を頭部に冠して舞うものであろうという。右に紹介した『信西古楽図』の蘇莫者は「一角」のように見えるが、渾脱舞であるのだから、もともと一本あるいは二本の角があってこそのものだろう。――獣皮をまとって角のある獣面を着けるなら、これはわが国では「鬼」の概念になる。

「而して『信西入道古楽図』によると身体に毛皮の如きものを被つて居る。皇国にては之を蓑と解し、又事実蓑を被つたのであらうが、此の蓑は或は毛皮の代用に非ざるか。」（前掲書）

しかしまだ重要な問題が残っている。白石が「者當作遮」と記すように、日本では当初から蘇莫遮ではなく「蘇莫者」と表記している。いつ、誰が、何故、「遮」を「者」に代えたのか。梅原猛氏は蘇莫者を山神の舞とする伝承を否定して、その正体についてこう論及している。

「文字通りにとれば蘇我の莫《な》き者、蘇我一門の亡霊という意味ではないか。蘇我一門の精神的代表者である太子の霊が、蘇莫者という名でよばれても不思議はない。」（『隠された十字架　法隆寺論』新潮社）

蘇莫者では笛の脇役が太子であるのだから、舞人まで太子ではありえない。どうしても舞人を太子と考えたいのであれば、梅原氏はまずその前提を覆さなければならない。聖霊会においては石舞台の階段下に立って、聖徳太子の扮装をした音頭《おんどう》が龍笛《りゆうてき》を独奏することから始まる。その笛の音に導かれて舞人は舞台に登場するのだ。

「四天王寺の聖霊会においては、迦陵頻伽《かりようびんが》と胡蝶の舞以前に、蘇利古《そりこ》という舞が舞われる。これも奇妙な舞である。紙の面をつけた五人の舞人」（前掲書）

ちなみに迦陵頻伽は迦陵頻が正しく、蘇利古の面は紙ではなく布である。

梅原氏の「蘇莫者＝聖徳太子」説は論外であるが、「蘇莫者＝蘇我入鹿」だとする説もある。これも梅原説の援用で蘇莫者を「蘇我の莫き者」と読み、太子ではなく入鹿を当てはめるものだ。舞台の構図を太子が入鹿の怨霊を慰撫するものと解釈している。しかしこれも牽強付会の説であって、そもそも入鹿を四天王寺につなげる謂われはない。入鹿を聖徳太子＝厩戸皇子が慰撫鎮魂する謂われはないのだ。厩戸皇子は、乙巳の変で入鹿が暗殺される二三年も前にすでに亡くなっている。どうみても入鹿の死とは無関係である。

厩戸皇子＝聖徳太子が鎮魂するというなら、その死に直接関与した物部守屋をおいて他にはないだろう。それならばむしろ「蘇我が亡くさしめた者」と読み下して、蘇我一族である厩戸皇子が、叔父・蘇我馬子に代わって菩提を弔うという構図になる。これが自然な解釈というものだ。結論しよう。四天王寺において慰霊鎮魂されているのは、物部守屋である。

二種類の神社創建コンセプト

なお、物部守屋が祀られているのは四天王寺だけではない。全国各地の神社（古社）に祀られていることは驚くほどである。守屋は、たとえば聖徳太子のように「教祖《カリスマ》」であったわけでもなく、死して「守屋信仰」が発生したわけでもない。神祇氏族・物部の氏上《うじのかみ》であったが、氏の神社は別に存在する。つまりこれらの「物部守屋を祀る神社」は他の理由があって祀られたことになる。

ところで「神社」という民俗施設は、いまさら言うまでもないことだが歴史の証人としてきわめて重要な存在である。日本独自かつ独特の形態で、全国に一〇万社以上ある（そのうちの約八万社が神社本庁に所属）。なかには創建百年未満の新しいものもあるが、多くは数百年から千数百年以上もの歴史を持つ。これほどに多量かつ広範囲に存在する歴史的資産は他にはない。

神社に次ぐものは寺院であるが、最も古いもので七世紀であり、しかも直接関与する者はその後も長く一部の特権階級に限られていた。

これに対して神社は、基本的に崇敬者を選ばず、日本の風土や民族性とともに存在し続けている。したがって、日本の歴史や文化の核心に迫るには、なによりもまず神社をこそ系統的かつ総合的に調査研究することによるべきと思われるが、この分野は意外なほどに未開拓である。その理由は、ひとえに人材不足に依っている。

神職（いわゆる神主）は全国に約二万人（未資格も含む）。そして神社は約一〇万社である。一人で平均五社を担当しなければならない理屈になる。

これに対して僧侶は約一五万人、寺院は約七万である（この差は経済的理由が主）。

神道も仏教も研究者の大半は神職・僧侶をそれぞれ兼ねているので、母数となる絶対数が少なければ当然ながら研究者も少ないことになる。

神道・神社の研究者は仏教・寺院のそれよりもはるかに高い比率で神職を兼ねているのだが、その上で大学や研究施設などで専任の研究者として取り組んでいる人は全国で百人に満たないだろうし、在野の研究者を含めてもわずかなものだ。

それでも個々の神職が個々の神社について研究した業績は膨大な成果となって蓄積されており、研究資料には事欠かないと言ってもいいだろう（質やレベルはここでは問わない）。

つまり個別の研究はある程度進んでいるのだが、総合的な視点からの調査研究や分析がきわめて少ないのは残念なことである。ある統一的視点を与えるだけで、個別の資料が有機的に連結されて、まったく新たな地平が開かれるのは明らかなのだが。読者の中の志ある人には、神道・神社の研究をぜひ推奨したい。


さて、神社についての多様な視点の一つに「創建コンセプト」がある。創建のコンセプトによって、全国すべての神社は大きく二種類に分けることができる。その祭神が、いずれの由縁によって当該神社に祀られるに至ったのか、つまり「遺徳や神威を讃えるため」か、それとも「怨霊の祟りを畏怖し鎮めるため」なのか、である。由緒書きや伝承等をそのまま鵜呑みにできないとは言うものの、そこには多くの重要な啓示が伏在している。「祀る由縁」の二者択一はさほど難しい課題ではない。

石上神宮

なお、書紀には「物部本宗家」対「蘇我本宗家」のように描かれているが、物部の史書である『先代旧事本紀』によると、守屋は本宗家ではないという。しかし守屋が当時物部の氏上であったことは間違いないだろう。大連として大王の殯《もがり》において、馬子とともに誄《るい》を奏上しているのは執政官として二人が左右のトップにあったことを示すものであろうし、書紀の書き方から見ても最上位であったことは動かし難い。

ただ、物部氏の中には祭祀系と軍事系の二つの系列があって、守屋は軍事系のトップであったと思われる。物部とは、文字通り「物」の「部」であって、職掌がそのまま氏の名になったものだ。

そして「もの」には二つの意味があった。一つは「武器・軍人」の意。「もののふ」である。もともと鍛冶・鍛鉄を支配する一族であったところから、金属製の武器・武具を造ることで軍事氏族として頭角を現した。もう一つは、「もの」とは「神」の意であるところから、神祇祭祀を司る一族でもあった。

すなわち、物部の本質が軍事と祭祀の両方にあったということで、政治的にも力のあった守屋が氏上として物部氏を代表していたことは間違いない。以後朝廷で物部が政治の中枢になることはなかったこともそれを証している。ただ、主流であった軍事部門を職掌とする守屋が滅びて後も、祭祀部門を職掌とする物部石上氏は依然として朝廷祭祀の担い手として継続した。その拠点が石上神宮である。

ただ、物部石上も、平城京への遷都がおこなわれる際に置き去りにされて、それ以後の国家祭祀は中臣氏に取って代わられることになる。物部守屋についての詳論は、拙著『諏訪の神』（河出書房新社）を参照されたい。

頂点を極める中臣氏

中臣氏は、古代日本の祭祀氏族の代表的存在であるが、その祖ともいうべき中臣鎌足は乙巳の変・大化の改新で突然歴史の表舞台に登場する。出自は鹿嶋神宮と香取神宮の祀職と称されているが、詳細は不明である。

氏祖は天児屋根命《あめのこやねのみこと》。『古事記』の岩戸開きの段に、アマテラスが天の岩戸に隠れた際に岩戸の前で祝詞を奏上し、岩戸をわずかに開いてアマテラスが外を覗き見したその時に鏡を差し出してアマテラスを反映させ輝かせた神として登場している。さらに、ニニギの天孫降臨にあたっては随伴神の一でもあるとも記されている。すなわち中臣は高天原からの直属臣であると記されているわけであるが、『古事記』の編纂責任者は藤原不比等であるとの説もあるところから、部分的に改竄されたものと考えられなくもない。というのも、天孫降臨に随伴した神々はヤマトに入るのが自然であるにもかかわらず、中臣の出自ははるか辺境の関東の東端である。とりわけ古代においてはまだ朝廷の統治の及ばぬ蝦夷地でもあるところから、中央への進出はきわめて困難であったはずであろう。乙巳の変に抜擢されるまではまったく記録がないのも不自然と言わざるを得ない。

しかし乙巳の変を契機として、中大兄皇子の強力な後押しによって中臣鎌足はいきなり国家政治の真っ只中に出現する。鎌足の死に際して藤原姓を下賜され、嫡男の不比等以下鎌足の子孫は藤原氏を名乗るが、本系一族は変わらず中臣を名乗り、中臣は代々、国家の祭祀職を世襲し、藤原は公卿として朝廷の政務を主導した。ちなみに大中臣による祭祀職とは神祇伯や伊勢祭主などであり、藤原の公卿としては大納言から右大臣にまで昇格している。「まつりごと（祭政）」において、すでに並ぶもののない存在となっている。

中臣・藤原一族については『小右記』や『御堂関白記』『栄花物語』など、栄耀栄華ぶりを示す多くの記録が残されているが、『新撰姓氏録』もそのうちの一つであろう。「皇別」に中臣氏の名はないが、むろん「諸蕃」にもその名はない。そして「神別」のみに二一氏ずらりとひしめいている。国家祭祀を専制する一族の面目躍如といったところである。なお、その中臣群の筆頭である大中臣氏は、とくに出世著しかった藤原清麻呂が下賜された姓である。

また、一族とは別に神別氏族全四〇四氏の筆頭に藤原朝臣が録されているのも当時の政体を端的に象徴している。

【神別氏族】

左京神別・天神

藤原朝臣

大中臣朝臣　中臣酒人《さかひと》宿禰　中臣宮処《みやどころ》連

中臣方岳《かたおか》連　中臣志斐《しい》連　中臣大家連

右京神別・天神

中臣習宜《すげ》朝臣　中臣熊凝《くまこり》朝臣

山城国神別・天神

中臣葛野連

摂津国神別・天神

中臣東連　中臣藍連　中臣大田連

河内国神別・天神

中臣連　中臣酒屋連　中臣高良比連　中臣連　中臣

和泉国神別・天神

中臣部　中臣表連

未定雑姓右京・天神

中臣臣（天神）　中臣栗原連（天神）

中臣氏・藤原氏の氏神は奈良の春日大社である。

❖春日《かすが》大社　奈良県奈良市春日野町

【主祭神】以下の四柱を総称して春日神と呼び、中臣氏・藤原氏の氏神である。

武甕槌命《たけみかづちのみこと》　中臣氏・藤原氏守護神（常陸国鹿島の神）
経津主命《ふつぬしのみこと》　中臣氏・藤原氏守護神（下総国香取の神）
天児屋根命《あめのこやねのみこと》　中臣氏・藤原氏の祖神（河内国枚岡《ひらおか》の神）
比売神《ひめのかみ》　天児屋根命の妻（同上）

春日大社

枚岡神社

❖枚岡《ひらおか》神社（通称　元春日／河内国一宮）　大阪府東大阪市出雲井町

【主祭神】第一殿　天児屋根命（主神、中臣氏祖神）
第二殿　比売御神（天児屋根命の妻神）
第三殿　経津主命《ふつぬしのみこと》（斎主命《いわいぬしのみこと》　香取神宮祭神）
第四殿　武甕槌命《たけみかづちのみこと》（建御雷命《たけみかづちのみこと》　鹿島神宮祭神）

中臣氏の地位を象徴的に示す祝詞が『延喜式』（九二七年成立）の「祝詞」巻末に収録されている。『中臣寿詞《なかとみのよごと》』という。本書第二章で『出雲国造神賀詞《いずもくにのみやつこかんよごと》』を紹介したが、時代は降って、当時とは比較にならないほどに国家権力は増大している。この祝詞も主旨や方向性は同様のものであるが、この祝詞は天皇即位の大嘗祭にのみ奏上された。つまり「一世一度」の特別な祝詞であり、奏上するものはその役割に相応しい地位でなければならない。天皇が確固たる〝地位〟すなわち「現人神」となっていることを思えば、奏上者が臣下第一位であることを天下に知らしめる意味もあったことだろう。

ここに掲載する原文（読み下し）は第七六代近衛《このえ》天皇の即位大嘗祭に、大中臣清親《おおなかとみのきよちか》が実際に奏上したもので、藤原頼長の「台記別記」に記録されたものである。近年他の事例も発見されているが、それまでは、本居宣長の紹介があって（『玉勝間』）、古例をよく伝える貴重な資料としてよく知られていた。

「内容、文章ともに上古のさまを伝える。第一段は天孫降臨と中臣氏の祖先神の働き、第二段は大嘗祭の悠紀《ゆき》・主基《すき》の卜定《ぼくじょう》のことや天皇の代の長久の寿《ことほ》ぎ、第三段はこの寿詞拝聴者への下知《げち》となっている。」（傍点は筆者による／西宮一民『世界大百科事典』解説／平凡社　より抜粋）

一瞥でおおよその意味・概要は把握できると思うが、文意の詳細はとくに私が解説する類いのものではないので省略する（ネット検索等で訓読解説を参照されたし）。

【中臣寿詞《なかとみのよごと》】（延喜式外祝詞　原文・訓読）

『現御神《あきつみかみ》と大八嶋国《おおやしまぐに》知ろし食《め》す、大倭根子天皇《おおやまとねこすめら》が御前《みまえ》に、天神《あまつかみ》の寿詞《よごと》を称辞《たたえごと》と定め奉らくと申す。

高天原に神留《かむづ》まり坐《ま》す、皇親神漏岐《すめらがむつかむろぎ》・神漏美《かむろみ》の命《みこと》持ちて、八百万《やほよろず》の神等《かみたち》を集《つど》へ賜ひて、「皇孫尊《すめみまのみこと》は、高天原に事始《ことはじ》めて、豊葦原の瑞穂の国を安国にと平けく知ろし食《め》して、天つ日嗣の天つ高御座《たかみくら》に御坐して、天つ御膳《みけ》の長御膳《ながみけ》の遠御膳《とおみけ》と、千秋《ちあき》の五百秋《いおあき》に、瑞穂《みずほ》を平らけく安らけく、由庭《ゆには》に知ろし食せ」と、事依さし奉りて、天降《あまくだ》り坐《ま》しし後《のち》に、中臣の遠つ祖《おや》・天児屋根《あめのこやね》命《みこと》、皇御孫尊《すめみまのみこと》の御前《みまえ》に仕《つか》へ奉りて、天忍雲根神《あめのおしくもねのかみ》、天《あま》の浮雲に乗りて、天の二上《ふたのぼ》りに上《のぼ》り坐して、神漏岐《かむろぎ》・神漏美《かむろみ》命の前《みまえ》に受け給り申すに、「皇御孫尊《すめみまのみこと》の御膳《みけ》つ水は、うつし国の水に、天つ水を加へて奉らむと申せ」と、事教へ給《たま》ひしに依りて、天忍雲根神《あめのおしくもねのかみ》、天の浮雲に乗りて、天

の二上に上り坐《ま》して、神漏岐・神漏美命の前に申せば、天の玉櫛を事依し奉りて、

「この玉櫛《たまくし》を刺立て、夕日より朝日の照るに至るまで、天つ詔戸《のりと》の太詔刀言《ふとのりとごと》を以ちて告《の》れ。かく告らば、麻知《まち》は弱蒜《わかひる》にゆつ五百《いほ》篁《たかむら》生《お》ひ出でむ。その下《しも》より天《あま》の八《や》井《い》出《い》でむ。こを持ちて天つ水と聞こし食せ」

と、事依さし奉りき。

かく依《よ》さし奉《まつ》りし任任《まにまに》に、聞こし食す由庭《ゆにわ》の瑞穂《みずほ》を、四国《よくに》の卜部等《うらべども》、太兆《ふとまに》の卜事《うらごと》を持ちて仕《つか》へ奉りて、悠紀《ゆき》に近江国の野洲《やす》、主基《すき》に丹波国《たにはのくに》の氷上《ひかみ》を斎《いわ》ひ定めて、物部《もののふ》の人等《ひとども》・酒造児《さかつこ》・酒《さか》波《なみ》・粉走《こばしり》・灰焼《はいやき》・薪採《かまぎこり》・相作《あいづくり》・稲実公等《いなみのきみら》、大嘗会《おおにえ》の斎場《ゆにわ》に持ち斎《ゆ》まはり参来《まいき》て、今年《ことし》の十一月《しもつき》の中つ卯日《うのひ》に、由志理《ゆしり》・伊都志理《いづしり》持ち、恐《かしこ》み恐みも清《きよ》まはりに仕へ奉り、月の内に日時《ひとき》を撰び定めて、献《たてまつ》る悠紀《ゆき》・主基《すき》の黒木《くろき》・白木《しろき》の大御酒《おほみき》を、大倭根子天皇《おほやまとねこすめら》が天《あま》つ御膳《みけ》の長御膳《ながみけ》の遠御《とほみ》膳《け》と、汁《しる》にも実《み》にも、赤丹《あかに》の穂《ほ》にも聞こし食して、豊明《とよのあかり》に明り御坐《ま》して、天つ神の寿詞《よごと》を、「天つ社・国つ社と」称辞《たたへごと》定め奉る皇神等《すめがみたち》も、千秋五百秋《ちあきいほあき》の相嘗《あひにへ》に、相《あひ》うづのひ奉り、堅磐《かきは》に常磐《ときは》に斎《いは》ひ奉りて、いかし御世《みよ》に栄えしめ奉り、康治《かうぢ》の元年《はじめのとし》より始めて、天地月日《あめつちつきひ》と共に、照らし明からし御坐《ましま》さむ事に、本末傾《もとすゑかたぶ》けず茂槍《いかしほこ》の中《なか》執り持ちて仕へ奉る中臣、祭主正四位《いはひぬしおほきよつのくらゐ》上行神祇大副《かみつしなかみつかさのおほきすけ》・大中臣朝臣清親《おほなかとみのあそみきよちか》、寿詞《よごと》を称辞《たたへごと》定め奉らく」と申《まを》す。

また申《まを》さく「天皇《すめら》が朝廷《みかど》に仕へ奉れる、親王等《みこたち》・王等《おほきみたち》・諸臣《おみたち》・百官人等《もものつかさのひとたち》、天下四方国《あめのしたよものくに》の百姓《おほみたから》、諸諸集《もろもろうこなは》り侍《はべ》りて、見食べ、尊《たふと》み食べ、歓《よろこ》び食べ、聞き食べ、天皇《すめら》が朝廷《みかど》に、茂《いか》し世

に、八桑枝《やくはへ》の如く立栄《たちさか》え仕へ奉るべき、禱《おぎこと》を聞こし食せと、恐み恐みも申し給《まを》はく」と申《まを》す。』

（訓読は、御巫清勇《みかなぎきよたけ》『延喜式祝詞教本』による。）

この祝詞を奏上するために登場した大中臣清親は、中臣こそが天皇のお言葉（詔）の代弁者であるというデモンストレーションをおこなった。近衛天皇はこの時、わずか三歳。またも藤原氏の血統に連なる幼帝である（母は皇后美福門院藤原得子／左大臣藤原長実の娘）。しかし藤原氏一族の専横はそれからまもなく起きた保元の乱を契機に衰えて、武士の時代へと向かっていくことになる。

天武天皇による第二の開闢《かいびゃく》

話を戻そう。物部守屋が殺害されて（五八七年）、八六年後の六七三年に天武天皇が即位した。この間に、蘇我氏と厩戸皇子（聖徳太子）による仏教の国教化は大きく進展する。それはもはや「仏教革命」と形容すべきものである。さらに続けて、その蘇我氏を滅亡させた中大兄皇子（天智天皇）と中臣鎌足（藤原鎌足）によって、仏教国家は確固たるものになっていた。

大海人皇子《おおしあま》（天武天皇）は壬申の乱（六七二年）によって、これを刷新。「ヤマト王権から日本国へ」と、大転換を果たすこととなる。その概要は以下に記すが、さながら「第二の開闢」というに相応しいものであった。

天武天皇の功績の第一と第二は、すでに述べたように「八色の姓《やくさかばね》」をはじめとする位階の制定、および「飛鳥浄御原律令《あすかのきよみはらりつりょう》」による体系立った法規の制定をおこなったことである。これによって、この国は初めて国家としての体裁を獲得することになる。

第三は、内裏《だいり》に陰陽寮《おんみょうりょう》および占星台《せんせいだい》を設置したことである。

陰陽寮とは、後に安倍晴明が陰陽師として勤務する部署である。これにちなんでわが国では風水術・天文術・暦術などの総称を陰陽の道、すなわち陰陽道というようになった。また、占星台とは天文台のことで、これもわが国の第一号である。天文密奏の業務はここから始まった。

第四の功績は、『古事記』と『日本書紀』の編纂撰定を指示したことである。完成は没後になるが、わが国最初の公式国書の誕生である。

さらに天武帝の功績は皇室祭祀にも及ぶ。

第五の功績は、践祚大嘗祭《せんそだいじょうさい》の制定。

新たに天皇として即位する時の一世一度の究極の祭祀である。これは道教の封禅《ほうぜん》に淵源を採り、天曺地府祭《てんちゅうちふさい》という名称で安倍家によっておこなわれるようになった。江戸末期までは大嘗祭と区別しておこなわれていたが、明治に入って習合して一体となった。思想的には古神道と道教の融合であるので、まさに陰陽道そのものである。

第六の功績は、宮都の選定と設計・建設。

わが国最初の本格的都城は藤原京であるが、これを計画したのは天武天皇であった。書紀にも明記されているように、天武帝は「天文遁甲《てんもんとんこう》」すなわち道教方術全般に長けていた。宮都に相応しい土地を見出し、宮都を立案するための知識・技術をもっていたということである。これ以前の宮都建設が漫然となされていたことからすれば、革命的な出来事であるだろう。

以来、京都・東京に至るまですべての宮都は陰陽師によって選定され設計されている。鎌倉、安土、山口、姫路、仙台などの城下町もすべて同じである。天武帝の付けた道筋の大きさがわかるというものだ。

第七の功績は、「天皇」という尊号の創始である。これは、以後の日本のアイデンティティに深く関わるものとなったのは誰もが知るところである。

第八の功績は、三種の神器の制定である。

八咫鏡《やたのかがみ》、草薙剣《くさなぎのつるぎ》、八坂瓊曲玉《やさかにのまがたま》。——それぞれの詳しい説明は省くが、鏡は太陽、曲玉は月、剣は兵法で、天武天皇が何をもって統治権ととらえていたか象徴的に表れている。

第九の功績は、伊勢の神宮における二〇年に一度の大祭「遷宮」の制定と開始である。天武帝の指示によって始まったこのシステムは、まことに示唆に富んでいる。「再生《リフレッシュ》による永続」は、根元の思想である。

——これらを私は「九つの偉業」と呼んでいる。天武天皇のこれらの業績は、単なる知識学識のレベルを遙かに凌駕するものだ。道教についての造詣はもちろん、古神道にも深く通暁して、その融合を図るという高度な方法論に裏付けられている。しかも政治・宗教・文化・法規等のすべてを包含する総合的な思想体系にまで昇華されているのだ。

読者のご感想はいかがなものか？　これも、あれも、という率直な驚きを禁じ得ないはずである。しかもそのほとんどは陰陽道・道教に基づいている。この事実が示すのは、私たちの認識している「日本国家」「日本文化」というもののコンセプトは、天武天皇によって創られたものであるということだ。

天武天皇を陰陽師と呼ぶのは少々憚られるが、自らその業を得意としていたことは『日本書紀』に明記されている。「天文遁甲《とんこう》を能《よ》くした」と。

天文については言うまでもないが、遁甲とは道教の中の方位術で、とくに兵法として用いられたものだ。偉大な方士であった太公望や諸葛孔明も得意としていたとされる。

また天武帝は、陰陽寮・陰陽師の制度を創始したことでもあるし、ともすれば陰陽道の実践者であることを公に自認していたのではないかと私は考えている。

道教を父とし、古神道を母として、天武天皇が創始した究極の原理、あるいは完成された世界観、それが「陰陽道」なのである。天武天皇自身がそうであって何の不思議もないというものだ。

そもそも「天皇《てんのう》」という尊号は、天武天皇が使い始めたもので、それ以前にはない。語源は、道教の天皇大帝である。これは北極星を意味する天の支配者という意味で、「天の命を受けた者」ということである。天命を受けたればこそ帝位も保証されている訳で、それゆえに常に天意をうかがう必要がある。その天意に沿って治世はおこなわれなければならない。陰陽寮は天武天皇によって設けられたが、それはひとえにここに帰着する。つまり、天意をうかがう役目を負った機関こそが陰陽寮であり、天意を天皇に伝えるのも陰陽寮の職務であった。天文博士が天意をうかがい、天文密奏によってこれを直接天皇へ報告奏上するのである。後世、安倍晴明が最も力を発揮したとされる職務こそは、その天文密奏である。

壬申の乱によって皇位についた大海人皇子《おおしあまのみこ》（天武天皇）は、それが天の命によるものであったと強調する必要もあった。というのも、壬申の乱では天智天皇の皇太子である大友皇子《おおとものみこ》と戦った。しかも中央の有力な皇族豪族の多くが大友軍に参加している。かたや大海人軍に参加したのは、舎人などの下級官人や若手、また地方の豪族たちである。

結果的に大海人軍の若い力の勝利となったが、国家を二分しての戦いに禍根は残ったはずで

『国体の本義』（昭和12年、文部省発行）

ある。天武の新しい治世を正当化するためには、旧勢力を完全に封じるだけの理論武装が必要であったのだ。

昭和初期に日本国政府（文部省）は『国体の本義』を発行。以後、終戦の年まで、これがあたかも日本民族の「聖書」のように扱われることとなる。ここには皇統の万世一系が前面に押し出されているが、残念ながらその根拠が明示されていない。そもそも天皇は「神事を第一とせよ」（『禁秘抄』第八四代順徳天皇著）が根本にあって、国体はそこを出発点とするものである。そして、天武天皇によって明澄化された国家観の再確認も必須であるだろう。

藤原不比等《ふじわらのふひと》の功罪

ここで、藤原不比等（六五九〜七二〇年）という巨人についてあらためて述べておかねばならないだろう。天武天皇による功績は日本国家の基本形を造形したが、不比等はそれを踏まえて、良くも悪くも日本国家の方向を定めた。その子孫はその後最も繁栄した一族となり、実に現代に至るまで日本の命運を左右するほどである。

「藤原」姓は、中臣鎌足が天智天皇より授けられた姓であるが、「藤原氏」を名乗れるのは、この不比等の直系子孫のみである。したがって、不比等こそは「藤原氏の氏祖」である。他の一族はすべて「中臣」姓と定められ、祭祀のみに従事することとされ、まつりごとは藤原氏のみに定められた。

これによって、不比等およびその子息らに権力が集中し、不自然なまでの出世に対して「落《らく》胤《いん》伝説」がまことしやかに流布されることとなった。『尊卑分脈』等、少なからぬ文献記録にその記載は見られるが、いずれも似た記述であるところから伝説の出所は同一ではないかとの推測もあるが、妊娠している女御を天智天皇から鎌足に下げ渡されて、そして誕生したのが不比等であるとされる。すなわち不比等は天智天皇の皇胤《こういん》ということになるわけである。

もしその通りであるとするなら、藤原氏が以後長きにわたって朝廷のまつりごとをおこなったことにも血統上の正統性がともなうこととなるが、もはや証明は不可能であろう。

なお、不比等という名は文献によっては「史」と記すものもあるが、これは幼児期に田辺《たなべの》史《ふひと》大隅《おおすみ》家で育てられたことにちなんでのもので、幼名であったとされる。養育家の影響によって、早くから漢語や歴史を学んだとされる。

しかし父・鎌足の死後三年目に起きた壬申の乱の際には、不比等はまだ一三歳にすぎず、近江方にも吉野方にもついていなかったため、その後の立身に直接の影響はないと思われる。ただし、不比等の姉妹（氷上《ひかみ》・五百重《いおえ》）が大海人皇子（第四〇代天武天皇）の子、新田部皇子《にいたべのみこ》や但馬皇女《たじまのひめみこ》の生母となったことから出世の道が開けたとされる。

娘の宮子《みやこ》を第四二代文武天皇の夫人とし、大宝律令の制定に寄与、正三位大納言に昇格した（四二歳）。文武帝崩御の直後には、宮子の生んだ首皇子を立太子させて（後の第四五代聖武天皇）、自分の娘である光明子を皇太子夫人とする（のちの光明皇后）など、皇室との結びつきを強めた。

七一七（養老二）年、右大臣正二位で政権を掌握。光明皇后の娘は、第四六代孝謙天皇（重祚して第四八代称徳天皇）。

七二〇年に病死。死後、太政大臣正一位を追贈。不比等に続く息子の藤原四兄弟によって、藤原氏繁栄の基礎が固められ、以後、長く藤原の全盛期は続くことになる。

復元された平城宮

長男・藤原武智麻呂《むちまろ》（正一位・左大臣、贈太政大臣／六八〇～七三七年）……藤原南家の祖
次男・藤原房前《ふささき》（正三位・参議、贈正一位・太政大臣／六八一～七三七年）……藤原北家の祖
三男・藤原宇合《うまかい》（正三位・参議／六九四～七三七年）……藤原式家の祖
四男・藤原麻呂《まろ》（従三位・参議／六九五～七三七年）……藤原京家の祖

ちなみに、不比等は平城宮の東側の隣接地に八町にも及ぶ広大な居住地を与えられており、平城京内では最大のものであった。法華寺、海龍王寺は、不比等の死後に、娘の光明皇后がその敷地の一部を活用して創建したものである。

日本人がつくった「懐かしきふるさと」

ところで「都」とは対極にある「里山」について、これまでさまざまな場所で私が述べている話をかいつまんでここに再録しておこう。時の「国家」、時の「政権」などとはかかわりなく、「多くの日本人が、懐かしく想う風景」とはいかなるものか、というものである。すなわち、小川を挟んで田畑が広がり、そこに点在する人家、そして田畑の真ん中のこんもりした森の中か、小高い山の麓には神社、すなわち鎮守《ちんじゅ》の森がある。これがいわゆる「里山《さとやま》」の風景である。幼い頃に里山で遊んだこうした記憶は、いまや少数派になりつつあるのかもしれないが、依然として里山の風景は、日本人の心の故郷であり、いわば原点である。私たち日本人は、この風景を想う時、切ないほどの慕情《ぼじょう》を掻き立てられるだろう。

それにしても、なぜ私たちは里山をかくも懐かしく思うのか。実はそこにこそ、日本人の愛国心愛郷心の秘密がある。

里山の風景は、実は自然にできたものではない。過疎地の行く末を見れば一目瞭然だが、住む人がいなくなると、たちまち荒れ果てて、見るも無惨な状態になる。里山は日本人が長い年月をかけて造り上げた風景である。そしてそこに暮らす人々によって絶え間なくメンテナンスされていればこそ、その「懐かしき姿」を保ち続けているのだ。

私の叔父が終戦時に帰還する際、船が日本に近づくにつれて黒々とした陸地が遠望されて「ああ、日本へ帰って来たのだ」としみじみ感じたという。そう、日本の陸地は森林で覆われているので遠望すると「黒々と見える」のだ。それに比べてシナ大陸や朝鮮半島はほとんど樹木がない（今は地域によっては植林がおこなわれているところもある）。ことごとく刈り取られてしまって、いわば〝禿げ〟状態であったという。刈り取った後に植林をせずに放置すると、いわゆる「砂漠化」が出来する。

日本人は樹木を切った後に必ず植林するが、中韓ではそれをおこなわず、砂漠化が進んだ。彼の地は、船上から遠望すると白茶けて見える。これに対して日本の植林はすでに縄文時代からおこなわれており、中韓とは決定的に異なるところだ。

現在確認できる日本の森は、九九％が植林によって人為的に造られたものだ。手付かずの原生林は日本列島にはわずか一％しかない。つまり、この風土は、私たちの先祖が長年かけて造り出し維持し続けてきたものなのだ。わが懐かしき里山の風景も、そうして生み出され保たれている。

そして里山の中心には、必ず鎮守の森、すなわち神社がある。氏神《うじがみ》神社や産土《うぶすな》神社こそは里山の中心だ。人々の生活サイクルは神社を中心にして営まれるのが古くからの形である。このうちに「いかなる神」のおわすかは各地さまざまであるが、そこに暮らす人々を見守る「神」

が鎮座する。随神道《かんながらのみち》とは、こうして継承されてきた「古くて新しい暮らし」のことである。

日本では自然環境と融和調和するという生活観が古くから根付いている（近年はそうとも言いがたいが）。そしてそれが「借景《しゃっけい》」や「庵《いおり》」の考え方の基本になっている。すなわち庭の彼方に望む山や森も連続する風景として取り込んでしまうし、庵は建物そのものが自然の中に同化することにその存在理由がある。

この思想は民家にも生きていて、「木と紙の家」という表現に集約されているだろう。有機物を素材として、しかも加工を最小限にする。その結果として組み立てられた「家」が本来の素材の力と素朴な建築構造によって「呼吸」するから、夏の湿度にも、冬の乾燥にも対応することができる。障子を開け放てば外も内も一体であるし、立てきっても虫の声や風の音は遮らない。風土がもたらすものは温度も音色も匂いさえも日本人にとっては「恵み」なのである。

ところがヨーロッパでは、人間は大自然と「対立する」存在として考えられてきた。すなわち自然を征服するところに文明や文化が生まれ、また自然と隔絶した空間を生活の場として求めることになる。だから住居は石やレンガで建造し、厚い壁で外気を遮る。屋外に広がる大自然はあくまでも「脅威」であり、時には「災い」をもたらすものであって、そのようなものから自らを守らなければならないのだ。すなわち「森には魔物が棲んでいる」のである。

しかし日本では、「森（杜）」には神が住んでいる」もしくは「神が降りてくる」とされている。これが「鎮守の森」の思想である。これを「神籬《ひもろぎ》」という。

神と共存するか、魔物と対立するか、これほどに異なる日本とヨーロッパとの自然についての考え方は、「木」の扱い方にも端的に表れている。

ちなみに常緑の広葉樹（シイやカシ、クスノキ）は葉の表面にツヤのあるものが多いことから「照葉樹」とも呼ばれ、日本では西日本全域から関東の沿岸部において森を形成している。神社の「鎮守の森」は元はこれらの照葉樹林をいう。

また、落葉の広葉樹（ブナやナラ、クリ、クヌギ）は北方系であり、日本では北関東以北に分布しているが、同時に関東の内陸部（たとえば武蔵野の林）や山間部にも多い。〝落葉〟であるから、散る前に紅葉し、春先には新緑が鮮やかに芽吹く。このような落葉広葉樹の四季の変化は日本文化を特徴付けた一つの要因でもあるが、共存するのは関東くらいであるというのは興味深い（京都は長年かかって人工的に共存させた）。


木造家屋の長所の一つに、湿度の調節があることはよく知られている。たとえば正倉院は御物を一三〇〇年もの長きにわたって保管してきたことで知られるが、その理由は木造の校倉《あぜくら》造《づくり》にある。日本で弥生時代に始まった倉庫の建築様式だ。

日本では縄文時代から木が建材の主役として使われていたことは最近の遺跡の発掘でもよく知られるようになったが、当時の製材法は現在のものと異なっている。私たちが知っている方法は鋸で木の細胞を断ち切るものだが、かつては鋸は使わず、楔《くさび》を繊維に沿って打ち込んで裂いたり割ったりする方法「割木工《わりもっこう》」がおこなわれていた。法隆寺や正倉院の製材もこの方法で、室町時代にシナから鋸が持ち込まれるまで、少なくとも一〇〇〇年以上にわたって日本ではこの方法がおこなわれてきた。

割木工は木を割ってからヤリガンナやチョウナで表面を加工するものであるために、本来の木の繊維がそのまま生かされている。したがって強度が高く、側面からの腐食にも強いという特徴がある。古い建物のむき出しの梁などに木皮をはがしただけのような曲がった一本木が使われているのを見たことがあるかも知れないが、きわめて理に適ったものだ。木の個性を無視して鋸で均一に切断された材木よりもはるかに丈夫で寿命が長い。

しかし割木工は手間がかかる。今でもおこなわれているのは宮大工による寺社建築のごく一部を除けば、扇子や桶、割り箸くらいのものだろう。ちなみに割り箸の根もとが割り残してあるのは初めて使われる新しい箸であることの証明で、日本人ならではの清潔観から来ている。世界中いかなるところにも割り箸のような文化は存在しない。

「よみがえり」の思想

欧米は塗装文化であるが、日本の伝統建築にも塗装がない訳ではないのはご存じの通りである。大改修で知られる京都薬師寺の鮮やかな彩色は、むしろ当初の姿に忠実であり、寺院建築の多くは元々極彩色である。それが時を経て剝落あるいは退色し、そのまま新たに塗り直すことをしなかったために白木造りであると勘違いされているものも数多い。これに対して、インドやシナの伽藍があたかも新品のように鮮やかに彩色されているのは絶え間なく塗り替えるからである。

日本の歴史的建築物は二つの傾向にはっきり分かれる。おおまかに言えば、大陸渡来の影響を受けたもの（あるいはその系統）は彩色されて、古来より独自性が強いものは無彩色＝白木であると言えるだろう（あたかも土着を装わんがために白木を取り入れたり、その逆で、大陸文化へのへつらいで彩色されたものもある）。

また、神社建築も朱塗りと白木に分かれている。代表的な朱塗りの神社には厳島神社や宇佐神宮があり（ともに社殿は国宝）、白木では何と言っても出雲大社と伊勢の神宮に尽きるだろう。朱塗りは大陸（シナ）の様式を取り入れたものであるが、白木は固有のものと考えて間違いはない。建築様式も出雲大社は古代の住居をかたどっており、伊勢の神宮は倉をかたどっているというのが定説である。どちらも高床式で、千木《ちぎ》鰹木《かつおぎ》を戴くという日本固有の様式である。

とりわけ伊勢の神宮は、二〇年に一度建て替える「遷宮《せんぐう》」で知られるように、日本独特のものである。

この造営に要するヒノキは約一万三六〇〇本。主に木曽から切り出されるが、伊勢にも広大な森を所有し、遷宮のための管理を徹底している。私も神宮研修の際に義務として枝打ちをおこなったが、広大な森はそれだけで神韻縹渺《しんいんひょうびょう》たるものがある。

遷宮が二〇年に一度おこなわれるのにはいくつかの理由があるが、なかでも「建築技術の継承」という点での意義は大きい。世代格差を考えれば、まず若くして補佐役として習い、二〇年後には熟練技術者として中心的役割を果たし、さらに二〇年後には指導する立場になる。ちなみに造営のピーク時には約一〇〇人の宮大工が全国から集まり、終了時にはその中のとりわけ優秀な人材を一〇名残してチームは解散する。一〇名は神宮の数多い摂社末社等の修理をおこないながら鍛錬し、次の造営では棟梁となる。この永遠循環システム、組織が出来上がっているのである。しかもこれをすでに六一回、一三〇〇年にわたって継続している。文化の継承という意味でも世界に例を見ないものだろう。

ただ、最近報道されているように、遷宮の主要な木材を調達する木曽のヒノキ（国有林）が近年になって乱伐されて危機に瀕している。一三〇〇年もの間連綿と継続してきた日本人の智恵が、私たちの世代で途切れるというのはいかにも無念である。しかし国内の木材事情は確実に悪化していて、それは今に始まったことでもないようだ。現在世界最大の木造建築物は東大寺大仏殿であるが、これは元禄時代の再建で、創建時の六割（間口）に縮小されたものだ。しかも柱は、丸太を芯に周囲に材木を張り付けて、それをさらに継いだものである。ところが奈良時代の創建時には直径一メートル、長さ三〇メートルという一木柱が八四本も使われていたと記録にある。かつては日本国内でもそれだけの木材が調達できたのである。ちなみにその時の木材は滋賀から切り出されたものであった。

なお、すでに『日本書紀』の神代編で、木材の用途が記されている。素戔嗚尊《すさのおのみこと》がヒノキ、スギ、クスノキ、マキを生みだし、「ヒノキは宮殿に、スギとクスノキは舟に、マキは棺に使え」と言っている。

すなわち、ヒノキで造られた神社建築とは神々の宮殿であって、その最高至高の存在が伊勢の神宮である。そして皇太神宮（内宮）には、天皇の祖先神（皇祖）たる天照大神が祀られて、国家鎮護の御社《みやしろ》となっている。

明治以前は、こうした里山と鎮守の森という在り方が日本の風景の標準であった。

ところが明治三九（一九〇六）年、「府県社以下神社の神饌幣帛料供進に関する件」が発令された。これがいわゆる「神社合祀令」とされるものである。これによって多くの神社が他社に合祀され、跡地の鎮守の森は失われていった。神籬《ひもろぎ》であった巨樹巨木は切り倒されて売り払われ、境内地も失われた。しかもその売上を担当の役人が寄ってたかって着服していたというのだからあきれるほかはない。全国でそれまで約二〇万社あった神社は、一二万社にまで激減した。とくに甚だしかったのは三重県で、約九割が廃された。これに次ぐのが和歌山県で、それまで三七〇〇社あったものが七九〇社にまで減らされている。

これに歯止めをかけたのは博物学者・南方熊楠であった。神社合祀反対運動に立ち上がり、長文の「神社合祀に関する意見」には激越な反対論が述べられるとともに、鎮守の森がいかなる意義を持っているのか、なぜ廃してはならないのかを、自然の生態系、人間の精神文化、地域の社会的影響等の視点から指摘している。そして、こう述べている。

「神社合祀は愛国心を損ずることおびただし。愛郷心は愛国心の基なり」

田辺市の天神崎は、日本のナショナル・トラスト運動の発祥地として知られている。ここは熊楠の散歩道であったが、美しいがゆえにリゾート開発の餌食になりつつあった。長女の南方文枝氏（南方熊楠記念館初代館長）によれば、驚くべきことに「将来ここを不動産業者が買って破壊するだろう」と熊楠は言っていたという。

和歌山でも北と南ではかなり違う。田辺から那智、新宮までの紀南を総称して熊野というが、かつてここは西方浄土にもなぞらえられて、都からの参詣が絶えなかった地域である。熊野三社（本宮、速玉、那智）の御神体がそれぞれ川、巨石、滝であるように、素朴な自然信仰に発しており、鬱蒼たる神々の森が保持されている。この熊野の森こそが、熊楠の原点なのである。

熊楠が昭和天皇をご案内したことで知られる田辺湾・神島《かしま》の原生林は天然記念物に指定されてかろうじて守られている。昭和四年、熊楠は鹿島をご案内申し上げ、御進講を行なったが、その際粘菌の標本をキャラメルの空箱に入れて贈ったエピソードは有名だ。熊楠にとって、尊皇と愛国は一体であった。

里山を懐かしむ心情は、すなわち私たち日本人の本質に直結するものだ。里山を絶え間なくメンテナンスして維持する民族性は、伊勢の遷宮を支えてきた原動力であり、明治神宮の森を生み出し育む力の源になっている。

しかし、かつて神社合祀令という愚行によって取り返しのつかない破壊をおこなったのも同じ日本人である。それによって多くの鎮守の森が消滅し、同時にその地域独特の祭礼なども失われた。いま、都市部の多くの神社は鎮守の森を喪失している。東京では名だたる古社でさえ、森を喪失している。明治神宮の森が〝例外〟であるのは、無念やるかたない。しかしあの豊かな森を数十年で生み出したことを思えば、各社の鎮守の森を復活させるのが不可能とは思えない。私たちはこの風土で育まれているのだ。随神道《かんながらのみち》とは、日本の風土とともに生きることである。

「神別・地祇《ちぎ》」の秘密

さて『新撰姓氏録』に収載の氏族一覧は、あくまでも「京・畿内に在住」であるから、畿外すなわち地方在住の氏族は含まれない。したがってヤマト朝廷に直接仕える者のリストであって、「地方在住のみの氏族」や「まつろわぬもの」は収載されていない。ところがこの中にも数は少ないが「縄文系」と思われる氏族がいくつか見える。天孫・天神・諸蕃とは別に区分けされている「地祇」である。

地祇とはすなわち国津神であり、土着の神のことであるから、天孫・天神・諸蕃が出現するより以前からこの日本列島にあった神ということになる。奇しくも『新撰姓氏録』の皇別にも諸蕃にも地祇はなく、神別と未定雑姓のみである。

左京神別・地祇

弓削宿禰　石辺《いそべ》公

右京神別・地祇

宗形《むなかた》朝臣　安曇《あずみ》宿禰　海犬養《あまのいぬかい》　凡海《おおしあま》連　青海《あおみ》首　八木造　倭太《やまとのおお》

山城国神別・地祇

石辺公《いしべのきみ》　狛人野《こまひとの》

大和国神別・地祇

吉野《よしの》連　大神《おおみわ》朝臣　賀茂《かも》朝臣　和仁古《わにこ》　大和《やまと》宿禰　長柄《ながら》首　国栖《くず》

摂津国神別・地祇

大和連　凡海連　阿曇犬養連　物忌《ものいみ》祝　我孫《あびこ》　神人《みわひと》　神人

河内国神別・地祇

宗形　安曇連　等禰《とね》直

和泉国神別・地祇

長公

未定雑姓・地祇

左京・野実《のみ》連　右京・凡海連　大和国・三歳《みとし》祝　摂津国・下神《しもつみわ》、葛城《かづらき》直　河内国・内原直、
安曇連　和泉国・椋椅部首《くらはしべのおびと》、伯太首神人《はかたのおびとみわひと》、凡人《おおしひと》

これらの中から海人《あま》族系、渡来系を除くと次のようになる。

弓削宿禰……弓削神社（八尾市）を氏神とする土豪。弓の製作を生業としていた。

石辺公……石部神社（滋賀県愛知郡愛荘町）を氏神とする土豪。

海犬養……犬養氏は縄文系の犬使いで、彼ら犬養部を統率する氏か。

大神朝臣……もと三輪氏。大神《おおみわ》神社を氏社とする古くからの神族。

賀茂朝臣……高鴨神社（上鴨社）、葛木御歳神社（中鴨社）、鴨都波神社（下鴨社）を奉斎する
　古くからの神族。

和仁古……天理市和爾に古くより依拠する古族。

大和宿禰……天理市佐保庄町大和に古くより依拠する古族。

長柄首……長柄神社（奈良県御所市名柄）を奉斎した古族。

国栖……「古代において朝廷から異種族視された吉野国栖の氏族」（『日本古代氏族事典』雄山閣）

物忌祝……「倭直の支族」とされるが、仮冒の可能性あり。潔斎沐浴して忌人となる血統の
　者。弥生信仰以前から存在する。

野実連……野見とも記す。当麻蹶速《たいまのけはや》と角力を取り、蹶速を踏み殺して勝利した豪傑。出雲の
　飯入根《いいいりね》の血統とされる。飯入根は出雲国造以前の祭主。

三歳祝……三輪（大神《おおみわ》）氏の同族。葛木御歳神社（中鴨社）の祝《ほうり》。

下神……葛城国造の子・葛城襲津彦《そつひこ》の裔か。

葛城直……同右

椋椅部首《くらはしべのおびと》……崇峻天皇の倉椅（梯）宮の宮号による名代部か、その伴造氏族。

畿内にこれだけの縄文系氏族が居住しているということは、ヤマト朝廷の職務に直接携わっていない氏族が、古来そのままに各地に在住しているということで、その数は決して少ないものではないだろう。蝦夷《えみし》（アイヌ他）や琉球を筆頭に、土蜘蛛《つちぐも》、熊襲《くまそ》、八束脛《やつかはぎ》、斐太《ひだ》、サンカ等々、八世紀当時はいずれも各地に拠点をもって盤踞《ばんきょ》していたと思われる（サンカのみは非定住）。

しかし、『新撰姓氏録』にこれだけの畿内氏族が収録されているということは、ヤマト朝廷の縄文系氏族への統合施策がかなり進行していたと認識すべきだろう。その後、彼らとその同族らはどうなったか、それは今後の課題としたい（『よみがえる縄文の血脈』というような取り組みを検討している）。

第五章――

姫氏《きし》の血脈

…皇室の苗字はなぜ消されたか

「史《ふひと》」によって編纂された国史

現存するわが国の国史第一号は『日本書紀』である。『古事記』のほうが八年ほど早いのだが、国史として正式に認知されたものかどうか確定せず、江戸時代になるまで宮中深くに所蔵されるのみで公表されていなかった。

その『日本書紀』は周知のように漢文で書かれている。一部に和風漢文も見られるようだが（漢文研究者により「倭習《わしゅう》」と称する／後から日本人が加筆訂正等をおこなったのではないかと推論されている）、ほとんど全編が漢語で書かれたものである。

『古事記』もすべて漢字で書かれているが、漢字はあくまでも借字であって、ほとんど意味はない（これを「万葉仮名」という）。発音のみを利用してヤマト言葉を記したもので、いわゆるローマ字表記と基本的に違いはない。そのため、漢字本来の意味を知らずに使っている例があちこちにあって、それが悪字凶字であるにもかかわらず人名や地名に用いられたりしているのは残念なことと言わざるを得ない。

その結果、『古事記』では尊貴な人物の名前に悪字凶字が用いられる事例が少なからずあって、それも『日本書紀』編纂の動機の一つになっているだろう。

『古事記』や『万葉集』の万葉仮名表記はともかく、少なくとも『日本書紀』は漢語を自らの言語とする者でなければ書くことは難しい。七世紀末から八世紀初頭当時は、漢語を自由に操れるヤマト人は稀有であった。にもかかわらず漢文で作成するということは、日本人に読ませようとするものではなく、唐およびその周囲の漢語文化圏を対象としていることは当然である。そうであるなら、完全な漢文でなければならず、さらにそれが国書であるとなれば品格さえ求められたはずである。

そこで朝廷に漢語の専門職を設けた。それを「史《ふひと》」という。「ふみひと／書人」の訛ったものと考えられるが、カバネとして「史」という漢字を用いているのは、担当業務が主に歴史書の編纂にたずさわるためであろう。八色の姓には含まれていないが、おそらく『日本書紀』編纂のために設けられた職位であろうし、その後も国書は継続的に編纂されて行くので、『新撰姓氏録』でも「史」としてそのまま記録されている。あらためて「道師」の一つに任命し直す予定であったかのもしれないが、『新撰姓氏録』には間に合わなかったということであるだろう。

ちなみに、『日本書紀』編纂の中心人物であった藤原不比等に遠慮して「毗登《ひと》」と一時期称していたが、後に戻している。

『新撰姓氏録』の「史《ふひと》」一覧

【皇別氏族】は、三氏。
左京皇別の垂水《たるみ》史、**右京皇別**の田辺史、**右京皇別**の御立《みたち》史。

【神別氏族】は、**なし**。

【諸蕃氏族】は、二**四氏**。
左京諸蕃
楊胡史（漢）丹羽史（漢）大原史（漢）筑紫史（漢）沙田史（百済）高史（高麗）
右京諸蕃
田辺史（漢）大県史（百済）道祖史（百済）大原史（百済）島岐《しまき》史（高麗）島史（高麗）
山城国諸蕃
桑原史（高麗）真城史（新羅）
大和国諸蕃　なし
摂津国諸蕃
大原史（漢）竺志《つくし》史（漢）史戸《ふひとべ》（漢）林史（百済）桑原史（高麗）
河内国諸蕃

三宅史（漢）　大里史（漢）　八戸史（漢）　武丘史（漢）

和泉国諸蕃

楊侯史（漢）

【未定雑姓】は、**二氏**。

右京の朝明《あさけ》史（高麗）　河内国の大友史（百済）

ご覧のように、『新撰姓氏録』収載氏族一一八二氏中に、「史」は二九氏数える。これが、基本的に『日本書紀』作成のスタッフである。

皇別氏族の三氏は、いわば管理責任者であろう。垂水史も田辺史も豊城入彦命《とよきいりひこのみこと》の後裔であり、御立史は気入彦命《けいりひこのみこと》の後裔であって、いずれも天皇家から出て臣下となった氏族である。

神別氏族にいないのは、この役割がいかに特殊なものであるかを示唆している。国書（歴史書）の編纂に「神別／地祇」の氏族をタッチさせないという方針は政治的に理解できるのだが、「神別」でも「天神」系にもタッチさせないという意図がよくわからない。

そして他の二六氏は、すべて渡来人である。

漢……一三氏

百済……六氏

高麗……六氏

新羅……一氏

この内訳が、『日本書紀』をはじめとする国書の対象者を明示している。百済は漢土からの移民であり、高麗・新羅は朝鮮民族であるが、公用語は漢語であった。それぞれの自国の関連情報についての記述や確認もおこなうために万全を期していたと考えられる。内容は彼らの統括者による主導であったことは言うまでもないが、最終的に「漢文」に翻訳編集したのは彼らである。

渡来氏族である「史」は、外交の通訳や外交文書等の翻訳にも携わっていたが、「国家の歴史書は漢文で作成する」ことが編集の基本方針として決定された以上、国外に通用する漢文を能くする者でなければ「史」になれないのは当然で、となれば必然的に渡来氏族およびシナへの留学経験のある者ということになる。

ちなみに、なぜ漢文で作成することになったのかということについては、朝廷として公式な表明はなされていない。

ただ、「ヤマト言葉を万葉仮名で記した」ものはこの直前に『古事記』として編纂されている。しかし『古事記』が流布されることはなく、そのまま宮廷の奥深くに収蔵されてしまった。その理由についても公式に表明されたものはなく、本居宣長もそうしたように推測するしかないのだが、明らかなことは、『万葉集』と同様に万葉仮名によって記された文献はヤマトのごく限られた者にしか読むことができないということである。ということは、もはやこれは暗号といってもよいだろう。歌集はヤマト人以外の者にまで広報する必要はないが、歴史書は国内外に広報するために編纂するものである。

同じような状況で近年わが国で採用されている編集方法は、「日英併記」である。つまり、和文と英文の両方を並べて見せる方法である。『古事記』が和文版で、『日本書紀』が英文版に相当するのではないかと考えるならわからなくもない。ただ、なぜか和文版のほうは秘匿されてしまった。そして海外向けの英文版に相当する漢文仕様のものだけが流布された。その判断は、いうまでもなく当時の朝廷がおこなったことである。

日本国の歴史書であるにもかかわらず、日本人のほとんどが読みこなすことの不可能な国書がここにできあがった。しかもこの後、この方針は長く踏襲されることとなる。不可解なことである。

時代が降るにつれて姓《かばね》は形骸化してゆくが、少なくとも『新撰姓氏録』成立当時、およびその後しばらくの期間は、まぎれもなく「史」が歴史書の担当であった。シナに向けて通用する漢文を制作するには、彼らの能力が必須であった。そのために設けられた部署を「史部《ふひとべ》」と称し、ここに所属する人々に与えられたのが「史」というカバネである。欽明天皇一四（五五三）年に王辰爾《おうしんに》に船史《ふねのふびと》を与えたのが第一号とされる。以来、七〇氏に与えられたとされるが、いずれも渡来人の一族である。

ただし、二氏のみは特別に遇された。東漢《やまとのあや》氏、西文《かわちのあや》氏の両氏は、王族の直系でもあったところから史を管轄する役目に起用されて、「直」と「首」のカバネを与えられた。

失われた歴史書

記紀の前にはどのような歴史書があったのか。前後を含めて時系列で列挙してみよう。

日本の古代史研究のための文献資料といえば「記紀」と総称されてあまりにも有名な『古事記』と『日本書紀』がまずあって、一般の人たちには、この前後には文字で書かれたいわゆる文献資料は存在しないと思われているのではないだろうか（「偽書」を除く）。しかし実は、そうでもない。成立年順で見てみると以下のようになる（便宜的に西暦で記す）。

不詳　『日本旧記』
六二〇年『天皇記』
『国記』
『臣連伴造国造百八十部并公民等本記《おみむらじとものみやっこくにのみやつこももあまりやそとものをあわせておおみたからどものほんき》（国造本記）』
六八一年『帝紀』
『旧辞』

六九五年『**伊吉博徳書**《いきのはかとこのしょ》』――ここまで飛鳥時代
不詳　『上宮記《かみつみやのふみ》』
七〇八年『粟鹿大神元記《あわがおおかみのもとつふみ》』
七一二年『**古事記**』
七二〇年『**日本書紀**（**日本紀**）』
七三一年『住吉大社神代記』
七三三年『出雲風土記』
七四六年『穂積三立解』
七五九年『万葉集』
不詳　『藤氏家伝』
七八九年『高橋氏文』
七九七年『続日本紀』
八〇七年『古語拾遺』
不詳　『**旧事紀**（**先代旧事本紀**）』

『日本旧記』から『旧辞』までは歴史書であって、かつて存在したことは間違いない。しかし、残念ながらすでに失われているものだ。記紀はこれらをベースにしていると考えて間違いない。

『伊吉博徳書』は、遣唐使に随行した伊吉博徳《いきのはかとこ》の手記、紀行文で、『日本書紀』にも数ヶ所引用されている。

『上宮記』は、成立年は確定しないものの、表記法などからすでに七世紀には成立していたと考えられている。鎌倉時代末まで伝存していたことは確認できるが、その後失われ、逸文が『釈日本紀』などに残っている。

『粟鹿大神元記』は、粟鹿《あわが》大明神の由来などを記したもの。『住吉大社神代記』とともに、神社・神道系の資料としてはきわめて重要なものだ。

記紀以後にも貴重な文献が続く。『穂積三立解』は、いくつかの重要な記述があるものの、皇后の写経などについての記録である。

ただ、これらの書は限られた事柄についての記述であるため、記紀とは位置付けがだいぶ異なる。記紀を補って余りあるのは、やはり『出雲風土記』『万葉集』そして『古語拾遺』であろう。日本の古代史は、これらの文献資料を元にして研究されている。それ以外には考古学資料と、『晋書』『魏志倭人伝』などのシナ側資料が参考としてわずかにあるばかりである。

『日本書紀』に引用されている百済三書（『百済記』『百済新撰』『百済本記』）は六世紀後半に成立したものと考えられているが、残念ながらこれらも現存しない。なおこれ以外には朝鮮半島に古文献はなく、一三世紀になってようやく現出するばかりである。したがって、日本の古代史を語るために朝鮮の記録に依拠したかのようにおこなうのは信頼に足るものではない。偽書に基づくものか、ためにする偽証である。いわゆる漢籍、つまりシナの古文献が紀元前から存在するので、あたかも朝鮮にもそういった古い文献が存在するかのように語られるのを時折見るが、単なる無知に基づく虚言にすぎない。

その漢籍では、前一四〇年成立の『淮南子《えなんじ》』、前九七年成立の『史記』、八二年の『漢書』、二九〇年の『三国志』、四三二年の『後漢書』、などが参照されているが、これらについては照合されて、参照部分も判然しているが、少量である。

これらのことからわかるのは、少なくとも『日本書紀』に関しては、主軸となっている記述を『日本旧記』『天皇記』『国記』『国造本記』『帝紀』『旧辞』の六書に基づいているということだろう。これらは勅撰であるから「一書」ではない。国書は新たな国書に基本的には継承されていなければならない。

なお、『日本書紀』に、その八年前に完成しているはずの『古事記』についての記述はまったくない。

それにしても『日本旧記』から『旧辞』までの「記紀以前の歴史書」が現存すればとは誰しも思うところだろう。とくに六二〇年に成立した『天皇記』『国記』『国造本記』の三書は、蘇我馬子と厩戸皇子によって編纂されたと公式に記録されており、三分冊という整理された形を採用していることからも、一貫した編纂方針によったであろうことが推定される。歴史書としての完成度は『日本書紀』の前身と考えるに不足はない。

しかし残念なことに、これらは乙巳の変の際に、蘇我の邸宅とともに焼失してしまったとされている。

ただ、その際に『国記』のみは、船史恵尺《ふねのふびとえさか》という者がすばやく持ち出し、中大兄皇子に献上したと記されている。しかし現存しない。記紀にそれらしき逸文・欠篇がないことはないのだが、復元できるほどのものではない。

ところがここにその原型とおぼしきものがあると私は考えている。

それが『先代旧事本紀《せんだいくじほんぎ》』すなわち『旧事紀《くじき》』である。

成立年不詳であるが、近年の研究によれば、八〇七年から八三三年の間とされる。本説に敬意を表して右の一覧では『古語拾遺』の後に挙げておいた。

しかし私は、この説に与《くみ》しない。近年『旧事紀』見直しの機運が高まっているのはまことに結構なことなのだが、その大前提が「序」を除外することにある。「序」は後世に別人が書き加えたものであって、これが偽書説の根拠になっているとする。したがって「序」を排除すれば、基本的な矛盾点は解除できるとしている。

さらに、『旧事紀』は、記紀および『古語拾遺』などから引用あるいは参照することで、つぎはぎで成り立っているとする。

鎌田純一氏はその研究書において、どの部分が記紀および『古語拾遺』と重なるかを全編にわたって克明に照合した。その事実こそが、『旧事紀』の真相を解き明かす最大の手掛かりであると私は考えている。

なお、いずれの説にも私が与しないのは、そもそも論拠が、『旧事紀』の原典（写本ではなく）が記紀より後発であるという先入観が問題なのだと指摘しておきたい。

伊吉博徳書《いきのはかとこのしょ》

右に示したように、記紀より古いという文献も、現存するものがある。とくに重要なのは、六九五年成立の『伊吉博徳書』である。日本最古の文献かつ最古の旅行記であり、『日本書紀』にも四ヶ所引用されている。

そのうちの一件は、斉明天皇五（六五九）年の第四次遣唐使に随行した時の記録である。正使一行として天子と面談しており、その問いかけへの答えが一部収録されている。

ちなみに、この時、唐は第三代皇帝・高宗（在位六四九～六八三年）であった。

日唐間の航路についての具体的な証言、唐の天子とは東京《トンキン》（洛陽）で面談したこと、遣唐使の前任者の消息について、当時の日本国内の様子についてなど、きわめて貴重で興味深い記録である。

ちなみに天子からの日本国蝦夷地の状況についての問いかけに、使人は以下のように答えている。七世紀の東日本に関する貴重な証言である。

「……蝦夷《えみし》には三種類あって、遠いものを都加留《つがる》（津軽）と名付け、次のものを麁蝦夷《あらえみし》と名付け、一番遠いものを熟蝦夷《にきえみし》と名付けています。……彼らは肉食で、家はなく、深山の樹の下に住んでいます」

これに対して天子は「自分は蝦夷の顔や身体の異様なのをみて、大変奇怪に感じた」と述べている。おそらく、遣唐使は蝦夷人を献上したのだろう。蝦夷たちは顔や身体に黥《いれずみ》をしていたのではないだろうか。

伊吉連博徳《いきのむらじはかとこ》は、壱岐・伊岐とも記す。壱岐国造（島造）の一族で、『新撰姓氏録』には、左京諸蕃の伊吉連、右京諸蕃の伊吉連が見える。「漢系渡来氏族で、周の第一一代王・宣王の末子尚父の子孫・長安人の楊雍の後裔」とある。伊吉博徳は史《ふひと》として遣唐使にも随行して唐との交渉や通訳などを務めたが（最終的には副使に任命された）、その広範な知識によって、帰国後は藤原不比等のもとで大宝律令の制定にも参画している。

その功績によって一族のカバネは「史」から「連」に昇格した。きわめて稀有な事例である。したがって『新撰姓氏録』には、「史」ではなく「連」でその名が録されている。左京諸

日本郵便
20
NIPPON
船シリーズ第1集
「遣唐使船・遣明船」郵便切手
SHIP SERIES POSTAGE STAMPS
"KENTOSHISEN" & KENMINSEN"
1975
郵 政 省

切手になった遣唐使船

蕃・伊吉連、右京諸蕃の伊吉連である。連となってからは史たちの統括的立場となったが、遣唐使としての記録にはとくに見るべきものがある。

なお、壱岐国造の壱岐氏（直）は、壱岐直《いきのあたい》真根子《まねこ》を祖とする（『日本書紀』）。伏尺《ふしし》神社は真根子を祭神として祀るために創建されたものと伝わる。イキは伊伎（『古事記』）、伊吉（『国造本紀』）、一支国（『魏志倭人伝』）等と記している。壱岐直は古来、島で盛んであった卜占《ぼくせん》を司る者で、それによってヤマト朝廷に重用され、後に「宿禰」を授けられた。月読神社を京都へ分祀したのも壱岐直の子孫であり、その祀職も代々務めている。

記紀の時代は「和」が最重要課題

ここで「ワ」についての考証をおこなっておきたい。ヤマトは「大和」すなわち「大いなる和」と書くが、表記には変遷がある。具体例を挙げよう。

「ヤマトタケル」は、ヒミコと同様に、やはり固有名詞＝個人の名前ではない。「ヤマト」の「タケル」であって、「日本男児」と言っているに等しい。もちろん現代の命名でも国や民族を表わす名前もあれば、男性を表す名前もある。だから一概に固有名詞ではないと言い切るのは冒険かもしれない。

「倭建命」（『古事記』）

「日本武尊」（『日本書紀』）

いずれもヤマトタケルノミコトと読む。しかし、なぜ「大和」と書かないのだろうか。「ヤマト」またはそれに近い音が日本国の古い呼び名であることは確かである。「ワ」とも呼んだのは、ヤマトを中心とする連合体を、また同時に同じ血脈の民族すべてをも「ワ」と呼んでいたと理解するのが自然であろう。

そして「倭」も「日本」も当て字であるとはすでに述べた。シナ側の当て字か、日本側の当て字かという違いである。

そしておそらくは「倭（ワ）」の置き換えとして「和」が持って来られたはずで、より一層上回るとの意味を込めて「大いなる和」としたのだろうと推測される。したがって「大和」も当て字である。いうまでもないことだが「大和」と書いて「ヤマト」とは決して読まない。

ちなみに『万葉集』では「夜麻登」等々――のように万葉仮名を当てている（多種あり）。『万葉集』の個々の歌の年代は判然しないが、『万葉集』そのものの成立年代から考えると、日本人は漢字の意味を認識し始めていたと思われる。そしてその上で音が似ていて意味に齟齬のない文字をピックアップしていたのであるだろう。

ちなみに、『古事記』においてはヤマトの万葉仮名表記は「夜麻登」で統一されている。また、『日本書紀』においては以下の一〇種が数えられる。──「耶馬騰」「椰磨等」「夜摩苔」「夜莽苔」「挪莽等」「野麼等」「野麻登」「野麻等」「耶魔等」「野麻騰」（万葉仮名表記に限ってのもの。「日本」と書いて「ヤマト」と訓読するのは万葉仮名の「一字一音」の原則と異なるため除外）。書紀は漢文体を採用しつつも、固有名詞の最たるものである国名を表記するのに右往左往しているかのようだ。しかしいずれも原音が「ヤ・マ・ト」であることだけは紛れもない事実であると判然する。

つまり「記紀」の時代にはまだ「大和」という表記がなかったということであろう。「ヤマト」の表記を古いものから順番に挙げると、

「夜麻登（万葉仮名全般）→倭→日本→大和」

となる。「邪馬臺」も「邪馬壹」も、「夜麻登（万葉仮名全般）→倭」時代のシナ側表記と理解すべきだろう。つまり「大和」はかなり新しい。

「倭人」「倭国」とシナの古文献で表記されてきた「ワ」の音は、「和」を最重要課題とする思想によって「和」に置き換えられることになった。さらに「大」という形容を加えて「大和」という表記が生まれた（元明天皇の勅令により地名は好字を二字とすることが定められた＝諸国郡郷名著好字令）。以来、もっぱら「和」の字をもって表現されるようになり、私たち現代人も、「日本的」という意味を表現するのにほとんど「和」の字をもっておこなっている。たとえば、「和風」「和製」「和服（呉服という言い方があるが、これは文字通り「呉の服」である）」

等々。

ただ古代日本語の「ワ」という音に、もともと「和」という意味があったかといえば、私はこれは「あとづけ」ではなかったかと考えている。「和合する」という意味を表現したいがための選字・当て字であったのではないだろうか。

それではもともとの「ワ」という言葉は何か。もし最もふさわしい漢字で本来の意味を体現させるなら、「ワ」は「輪」であろうと私は考えている。ぐるりと回って起点につながる、だから「輪」であり、これはすなわち「よみがえり」の構造である。

ということは三輪山の「三輪」は「三つのよみがえり」と解釈できる。その「よみがえり」を祈願して祀られたものであろう。大神《おおみわ》神社の特異なデザインの鳥居を「三輪鳥居」「三ツ鳥居」というが、これは三つの鳥居が合体して一つになっているものである。つまり祭神が三神であることの明白な証拠である。

そのうち一つの「よみがえり」は「オオモノヌシ→オオクニヌシ」であることはすでに明らかである。しかし他の二つは表には出ていない。ここには「隠された神」がいるのだ（「隠された神」については、機会を改めて公表したい）。

ちなみに埼玉県の奥秩父に鎮座する三峯《みつみね》神社も三輪鳥居である。その公式の由緒には大神神社との関連はなんら見出せないが、無関係とは思えない点がいくつもある。「三峯」という名称も、「三つの峰」という地形から単純に採ったとされているが、その周囲のどこを見ても象徴的な「三つの峰」は見当たらない。私は「三座」つまり「三神」の「三つの磐座」を表わしているのだと考えている（「三輪」にならっての命名とも考えられる）。祭神はイザナギ・イザナミの二神とされているが、これも「よみがえり」の生みの親である二神を祀ることで、本当の祭神を隠すものではないだろうか。

また、三峯神社に独特のものに「眷族《けんぞく》」（神徒）があり、大口真神《おおぐちまがみ》と称している。これは狼である。オオカミと聞いて、宇佐神宮の神職を務めた大神氏、大神神社の神職を務めた大神氏をつい連想してしまうのは私だけだろうか。

「よみがえり」および「むすひ」は、歴史進化の原理であるとともに、民族的な思想でもある。つまり、これは「史観」である。「怨霊信仰」をネガティブな史観とすれば、これはポジティブな史観であるだろう。

「キ氏」の謎

『日本紀私記零本』にある問答を紹介しよう。これは、勅命によって天皇に博士が『日本書紀（当時は『日本紀』）』を講じたものの記録である。平安時代に前後七回おこなわれた。その中に天皇から博士への問答に次のものがある。

「天皇は問う。わが国を姫氏国と呼ぶのは、どのような理由によるのか。
博士は説明する。シナではわが国のことを東海姫氏国と呼んでいます。それは、氏祖神の天照大神が女神であり、神功皇后が女帝であるなどの理由によって、姫氏国と称しているのです。」（訳は筆者による）

ここでは「女性神」「女帝」に理由を求めているが、詭弁であって偶然の一致にすぎない。また、その延長で、アマテラスの別名がオオヒルメという名であったから、それに基づいて「姫」という姓を称したのではないかという説もあるが、それは逆であろう。本来のシナ語では姫は「キ」とは読んでも「ヒメ」とは読まない。オオヒルメが姫氏を名乗っていたことから、ヤマト言葉のヒメという言葉が「女性の王族」を意味する言葉として使われるようになったと考えるのが自然というものではないか。そしてその後、「姫」という文字のみが一人歩きして、姫氏という呼び名は実際にはほとんどつかわれないために、「ヒメ＝姫」の用法のみが広まったとも考えられる。

第二章で紹介したように、周王朝から離脱して呉を建国した呉王・太伯の姓が「姫《き》（姫）」であったので、太伯の子孫が渡来して、薩摩に依拠したとの伝説もある。天皇家の姓が「姫《き》」

であったとの伝承とつながってくる。

日本人の苗字に一文字はけして多くないが、さらにそれが一音であるのはきわめて少ない。一文字姓というのは、もともとシナの習わしである。

そういった事情を鑑みても、「キ」姓の一致は決して偶然ではないだろう。本来は同一でありながら、おおきみ家への遠慮でもあったと考えることもできそうだ。

ちなみにヒルコとヒルメは兄妹であると『古事記』に書かれている。『日本書紀』では姉弟となっている。『旧事紀』には、両方書かれている。三書にこう記されている以上、同じ親を持つことは疑いようがない。すなわちヒルコも呉の太伯の裔であるだろう。

そして海人族・海部こそはヒルメの子孫である。ヒルコの妹（もしくは姉）の子孫たればこそ、ヒルコすなわちエビス信仰というものに直結する。そしてその本拠地である西宮神社は古来、廣田神社の摂社であった。廣田神社は、長田神社、生田神社、住吉大社とともに『日本書紀』に「四社鎮祭」と記される。神功皇后が新羅征討の帰路、海難に遭遇した際に守護を得たと伝えられる。その時に託宣を受けて四社同時に建立してこれを祀った。

❖廣田神社（通称　廣田五社、廣田山）　兵庫県西宮市大社町

【祭神】　撞《つき》賢《さか》木《き》厳《いつ》之《の》御《み》魂《たま》天《あま》疎《さかる》向《むかい》津《つ》媛《ひめの》命《みこと》　底筒之男命《そこつつのおのみこと》　中筒之男命《なかつつのおのみこと》　上筒之男命《うわつつのおのみこと》　誉田別命
比咩大神　息長帯《おきながたち》比売《ひめ》命《のみこと》　建御名方《たけみなかた》富《の》大神《おおかみ》　高皇産霊大神《たかみむすひのおおかみ》

❖**長田神社**（通称　長田さん）　兵庫県神戸市長田区長田町
【祭神】　事代主神《ことしろぬしのかみ》

❖**生田神社**（通称　生田さん）　兵庫県神戸市中央区下山手通
【祭神】　稚日女尊《わかひるめのみこと》

❖**住吉大社**（通称　住吉さん）　大阪府大阪市住吉区住吉
【祭神】　底筒男命　中筒男命　表筒男命　息長足姫命

これらの宮司家はすべて、海部の頭領であった。すなわち海人族の裔である。そして海人族の筆頭は代々、住吉大社を司っている。

住吉大社には古来、神職七家というものがあって、協力して住吉を守ることとなっている。その七家とは、津守氏、狛氏、大宅氏、神奴氏、板屋氏、大領氏、高木氏である。天火明命の一七世孫田裳見《たもみ》宿禰を祖とする尾張氏族であり、熱田神宮社家の尾張氏とも同族である。『新撰姓氏録』にはこのうち四氏が見える。

津守氏（摂津国神別・津守宿禰、和泉国天孫・津守連など）
狛氏（右京諸蕃・高麗・狛首、山城国諸蕃・高麗・狛造など）
大宅氏（皇別に三氏、神別天神に二氏）

神奴氏（摂津国神別・天神・神奴連）

板屋氏（なし）、大領氏（なし）、高木氏（なし）

右のように、すでに津守氏、大宅氏、神奴氏は皇別、神別に登用されている。出自を問わず人材を登用するという天武天皇の主旨をまさに象徴するものだろう。それでも彼ら一族は渡来であることを矜持としていたと思われるのは、狛氏が「こま」を名乗り続けたことから察せられる。「こま」の読みから渡来であることは明白で、右京諸蕃、山城国諸蕃として名を残している。

住吉神社の祭神は住吉三神。これに神功皇后（息長足姫）など八幡系の神を配祀する場合もある。神功皇后は、朝鮮に遠征する際、住吉三神より神託を受けたことによっている。その由来は、この地の後々の繁栄にも直結する。

「皇后の御孫、仁徳天皇が浪速に遷都せられて墨江の津を開港せられ、後に大阪、堺の発展をもたらしましたのは、実に此の時に起因しております。」（住吉大社由緒）

住吉三神は、記紀にも所載の古き神である。

「底筒之男命、中筒之男命、上筒之男命の三柱の神は、墨の江の三前の大神ぞ」（『古事記』）
「底筒男命、中筒男命、表筒男命は、是れ即ち住吉大神なり」（『日本書紀』）

住吉神の神名にある「筒」とは星のこと。そして星は航海の神。そのゆえに住吉神は古くから航海の守護神となっている。つまり、海に生きる海人族の信仰である。奈良時代には、遣唐船発遣の際、航海安全を祈願して住吉神へ奉幣《ほうへい》して祝詞が必ず奏上されていた。

「住吉大神は、「吾が和魂をば宜しく大津の渟中倉の長峡に居さしむべし、便ち因りて往来《ゆきか》ふ船を看護せむ」と神功皇后に御告げになった由が『日本書紀』住吉大社神代記に見え、海上安全の守護神であり、奈良時代、遣唐使の派遣には、必ず朝廷より奉幣があり、その海上無事を祈りました。」（住吉大社由緒）

この信仰は江戸時代にとくに盛んとなり、全国各地の住吉神社には、航海の安全を祈願する絵馬が数多く奉納されている。また、住吉は平安時代から和歌の神としても信仰。住吉社ではしばしば歌会や歌合《うたあわせ》が催され、俳諧や狂歌の神としても信仰されている。

なお、住吉神は翁や童子の姿で現れるとされ、江戸時代から婚礼など祝儀の場で歌われてきた「高砂《たかさご》」は、住吉信仰が広く庶民にまで普及していたことを示すものである。

住吉三神を祀る住吉神社は、全国に二〇〇〇余社といわれる。海人族がいかに古くから全国的に渡来していたかの証左でもあるだろう。

ちなみに海人族の筆頭である尾張氏は、『新撰姓氏録』に七氏が収載されている（河内国皇別・尾張部、左京神別・尾張宿禰、同・尾張連、右京神別・尾張連、山城国神別・尾張連、大和国神別・尾張連、河内国神別・尾張連）。「連」姓が多いのは、壬申の乱における功績から天武天皇に取り立てられて下賜されたカバネを氏のアイデンティティとしていたからと思われる。

なお本宗家は尾張国国造であり熱田神宮大宮司家でもあるところから、その所在は尾張国であって『新撰姓氏録』には収載されていない。伊勢の神宮、宇佐神宮などと並び称される特別な社祠であるとの証左でもあるだろう。

尾張名古屋の熱田神宮は、三種神器の一つ、草薙剣が神体として祀られている大社であって、神宮の主祭神は熱田大神、相殿には草薙剣と関わりの深い天照大神、素盞嗚尊、日本武尊、宮簀媛命《みやずひめのみこと》、そして尾張開拓の祖である建稲種命《たけいなだねのみこと》を祀っている。

熱田大神とは、御神体の草薙剣のことで、なおかつ天照大神の御霊代とされている。しかし創建の由来から、熱田大神を日本武尊とする説もある。第一二代景行天皇の御代に、日本武尊は全国平定の総仕上げとして東征をおこない、そのとき伯母の倭姫命《やまとひめのみこと》から神剣・天叢雲剣を授けられた。あまりにも有名なこの神剣は、素盞嗚尊が退治した八岐大蛇《やまたのおろち》の尾から斬り出されたものとされ、東征の途次、この神剣で草を薙《な》ぎ払って窮地を脱したことから草薙剣と称されるようになったと伝えられる。

日本武尊は、その神剣を宮簀媛命のもとにとどめて、近江の伊吹山に向かうが、そこで病を発し、伊勢の能褒野《のぼの》で没した。尊の没後、宮簀媛命は、残された神剣を奉斎。これが熱田神宮の創始と伝えられる。

「御父景行天皇から絶対の御信任を受けた尊は、御東征の帰途、尾張国造の御女宮簀媛命をお妃にお迎えになり、やがて草薙神剣をこの国に留めて崩じられました。その後、宮簀媛命は日本武尊の御遺志を重んじられ、神剣を今の熱田の地に祀られました。」（熱田神宮由来）

ちなみに草薙剣をヤマタノオロチの体内から斬り出した剣は、スサノヲの佩刀・十握剣《とつかのつるぎ》であるが、これは石上神宮の神宝とされている。これを平安京へ無理矢理移し運んだために、それを命じた桓武天皇は祟りによって病を発し崩御することになったと伝えられる（『日本後紀』）。

一方、三種の神器の一つとなった草薙剣は、熱田神宮の本殿に厳重に納められている。

そもそも第一〇代崇神天皇の時、鏡と剣はその神威を畏れて、皇居の外に移された。書紀はその理由も祟りとしている。剣はその後、渟名城入姫《ぬなきいりひめ》に祀らせるが、瘦せ衰えて祀ることができなくなり、次いでもう一人の姫に祀らせ、伊勢に遷される。ここからヤマトタケルに渡されることになるのであるが、その頃には祟り神が転じて、強力な魔力呪力を持つ剣となっている。そして剣は、ヤマトタケルによって活用されて、東征の武力の象徴となる。草薙剣についての詳論は拙著『三種の神器』（河出書房新社）を参照されたい。

ところで「皇別氏族」は全三三五氏であるが、その中でも「真人」のカバネを持つ氏は、左記のように、わずか四四氏にすぎない。

左京皇別　卌氏

息長《おきながの》真人《まひと》　山道《やまじ》真人　坂田酒人《さかひと》真人　八多《はた》真人　三国《みくに》真人
路《みち》真人　守山《もりやま》真人　甘南備《かんなび》真人　飛多《ひだ》真人　英多《あがた》真人
大宅《おおやけ》真人　大原真人　島根真人　豊国真人　山於《やまのえ》真人
吉野真人　桑田真人　池上《いけのえ》真人　海上《うなかみ》真人　清原真人
香山《かぐやま》真人　登美真人　蜷淵《みなぶち》真人　三島真人　淡海《おうみ》真人
三国真人　笠原真人　高階《たかしな》真人　氷上《ひかみ》真人　岡真人

右京皇別　十一氏

山道《やまじ》真人　息長丹生《おきながのにう》真人　三国真人　坂田真人　多治《たじひ》真人
為名《いな》真人　春日真人　高額《たかぬか》真人　當麻《たいま》真人　文室《ふんや》真人　豊野真人

山城国皇別　一氏　三国真人

大和国皇別　一氏　酒人真人

摂津国皇別　一氏　為奈真人

「皇別・真人」はこれですべてである。

なお、真人については「未定雑姓」に四氏あるが、むろん皇別ではないので、よほどの功績があってのことだろう。

藤原氏はあくまで「神別」である。しかし後世、その分家・一家である近衛、一条、鷹司《たかつかさ》の三家は「皇別」扱いとなっている。これは、天皇家から養子等を迎えたことによって、天皇の血統に連なったとの解釈で「皇別摂家」などと呼ばれるようになるが、あくまで通称であって、本来「皇別」でないことは当然である。

これらの「皇別真人」が氏族筆頭であって、平安京の国家運営担当者である。しかし、これら四四氏を概観して誰もが気付くことと思うが、平安時代中期以降の日本の歴史において、その名を刻んでいるほどに活躍した氏、出世した氏等は皆無である。本書でこれまで見てきたように、日本の歴史上、政治・経済・文化のあらゆる場面においてその名を残しているのは、「神別」と「諸蕃」である。しかも、すでに述べたように、諸蕃は時と共に神別に吸収されていき、戦国時代においてほぼ一体化されている（土佐・長宗我部氏が典型例）。右に示した海人族たちも、むろん吸収された。神別すなわち「神々の子孫」であることが、あたかも日本国の統治者たる条件であるかのようになったのである。そしてそれは「日本人の体質」になった。「日本語」を母語として話す者がすなわち日本人・日本民族となり、日本語＝ヤマト言葉は

「神々から受け継いだ言葉」になったのだ。これを「言霊《ことだま》思想」という。

「ヤマト言葉」と「コトダマ思想」

『古事記』　　七一二年編纂
『日本書紀』　七二〇年編纂
『出雲国風土記』　七三三年編纂
『万葉集』　七五九年直後に撰録

右のように、これらの四書は相前後して成立した。そしてわが国にはこれ以前には文献資料として残っているものはなく、まぎれもなく最古である（断簡・墓碑等は除外／風土記は出雲のみが完本であるが、『播磨国風土記』、『肥前国風土記』、『常陸国風土記』、『豊後国風土記』は一部欠落した形で残存する）。

ところで私たち日本人は節目節目で重要な役割をはたす言葉に「漢語」を使う習慣ができてしまった。それはおそらく、『日本書紀』以来のことではないかと思う。より古い『古事記』は、いわゆる万葉仮名で記されており、それに続く『日本書紀』では漢文体を採用した。対外的な歴史書が必要であったからであるともされ、漢語が当時の国際語であったからとも、さらにまた朝廷の文書担当の博士が漢人であったからなど、さまざまな理由が挙げられている。

いずれにしても、漢字が輸入されるようになって当初は、ただ「音」に漢字を当てるだけであったものが、やがて漢語の意味を理解するようになったが、漢文表記を採用したという事実は変わらない。しかしここから雪崩をうつように古代日本語（＝ワ語）は変貌していくことになる。

なお成立年代は『万葉集』が最も新しいが、表記は最も古式をとどめている。ここには前後三五〇年間の歌が収録されており、最新のものが七五九年であるからだ。そのため成立は最新の作品と同時期であるというだけで、それぞれの歌の作られた年代までは正確にはわからない。ただ西暦四〇〇年頃の歌から収録されていることは確かであって、したがってわが国の現存する最も古い文献は言語学的には『万葉集』ということになる。そして万葉仮名で表記されている言葉が「ヤマト言葉」である。ちなみに「仮名」という言葉も当て字の万葉仮名であって、漢語には存在しない「ヤマト言葉」である。

四書を並べてみると、文体がまさに『万葉集』から『古事記』へ、そして『日本書紀』へと変遷しているのがよくわかる。しかも万葉仮名は未成熟で過渡的な言語であったのであろう。それ以後急速に消滅して、日本語は漢語主体にひらがなとカタカナで補佐する言語として成熟して行くことになる。ひらがな、カタカナは万葉仮名の発展形であり成熟形である。その経過のなかで「ヤマト言葉」は少数派として吸収されていき、漢語に置き換えようのないものだけが命脈を保っている（あるいは併用されている）。

しかし日本および日本人の原理原則を解き明かすには漢語に置き代えることのできなかった「ヤマト言葉」こそが有効である。なぜならば、民族的な原理原則は、漢語の輸入浸透より以前からあったはずで、なおかつそれが今に至るまで連綿と継承され、通底しているからである。私たち現代の日本人は、根底に「ヤマト言葉」があるにもかかわらず、「漢語」にどっぷりと埋没しているのである。

なお、先住民族と渡来人の関わりについて検討するのであれば、多様な文化的探究がおこなわれなければならないが、その中でもとくに重要なものは「言語」であろう。私たちが現在用いている「日本語」は、いったいどのようにして成り立ったものなのか。日本語の原型ともいうべき「ヤマト言葉」の実相とはいかなるものなのか。万葉集の防人の歌は当時の語音をよく残していると思うが、私たち現代日本人が読んでも即座に理解することはできない。「日本語らしい」とは認識できても、言葉は断片的にしか認識できず、文脈が理解できないだろう。

渡来人の比率と日本語

ヤマト政権は、政治家、官僚の約三割が渡来人であって、話し言葉はヤマト言葉で、書き言葉は漢語で、というのが実態であるだろう。

渡来は一度に大多数があったわけでなく、長期間にわたって小分けに渡来した。それゆえに、言葉は皇別、神別の日常的に用いているヤマト言葉に少数派の渡来人は合わせざるを得ない。漢語は便利な道具として利用されたが、言語はあくまでヤマト言葉であり、そのヤマト言葉を書き写すためだけに漢語は用いられたものだろう。その結果が、その後の日本語形成の方向性をほぼ決定付けた。とりわけ、漢語をヤマト言葉として「読み下す」という特殊な技術が考え出されて、その読み下しスタイルは、いわゆる「文語」となって今から数十年前まで使われていた。漢語を読み下すために発案されたのが、漢字と漢字をつないで日本語としてそのまま読めるようにする「ひらがな」と「カタカナ」である。


さて、観念論をいくら振り回してもしかたがない。これぞ〝見識〟という発言を紹介しよう。シナ文学者の高島俊男氏が『週刊文春』に連載していた日本語についての記事中の一節である。「平成」の元号決定についての一文である。

「これまでわが国で用いられた二百四十七の年号、およびそれに数倍する候補案はみなそうであるが、おめでたい字を適当に二つ組み合わせたというものではない。すべて出典がある。その出典は全部、支那の古籍である。「平成」の際も、小渕さんが、「出典は史記と書経です」とたどたどしく言っていた。

たとえば日本の周囲にある日本より小さな国が年号を作るとして、その典拠を日本の書物、たとえば古事記や万葉集に求めたとしたら、それはずいぶん見っともないことではないか。自分の国に文化はないのか、と国民は怒るだろう。

ところが多くの日本人はそれをおかしいとも思わぬらしい。」（「お言葉ですが…／三七回／年号の話」）

まさに正論と言うべきであろう。ことが国家の元号であるにもかかわらず、依然として「輸入言語」を優先しているのである。なんと「見っともない」ことだろう。漢字自体に善し悪しはない。ただ漢籍に典拠するということが情けない。漢籍をもってこなければ権威付けられないと、おおかた考えているにちがいないのだがその根底にあるのは「劣等感」ではないか。これでは、旧約聖書やギリシャ神話からピックアップするのと本質的に変わりがない。

高島氏の文章で初めて知ったのだが、「平成」は故・安岡正篤氏の提案になるものだという（「考案」ではない。すでに江戸時代最後の元号である「慶応」を決める際に、菅原修長という学者によって考案されているという）。

安岡正篤氏といえば「歴代総理の指南役」とか「御用思想家」等々と評された人物で、陽明学者であった。本業が陽明学であれば漢籍に依存するのはしかたがないところであるが、それならば他の人物に委嘱すべきだろう。元号を決めるのに、江戸時代には儒学者で、現代は陽明学者に依拠しているというのでは、この国のアイデンティティがどこにあるのかさっぱりわからない。
ちなみに高島氏の提案する元号は「みずほ」「あきつ」「やくも」で、これらは『古事記』『万葉集』に典拠している。氏曰く、「どれをとっても「へーセー」なんぞよりどれほどいいことか。」──まさに同感である。今回ようやく、『万葉集』由来の「令和」が採用されたのは日本国の歴史始まって以来の快挙であった。合成の漢字二語で、なおかつ「音読み」であったのは残念だが、少なくともこれまで千年以上にわたっておこなわれてきた慣習を打ち破ったことは高く評価したい。

「ヤマト言葉」を大事にすることを、わが国では古くから「ことだま思想」という。「ことだま」とは「言霊」とも書く。『万葉集』に、
「しき島の　やまとの国は　ことだまのさきはふ国ぞ　まさきくありこそ」（巻一一）
とある。最も古い出典の一つである。その他にも『万葉集』には「ことだま」が随所に登場する。「うた」には呪術的な力があると信じられていたことの証左でもあるだろう。
「言語の霊力を信ずることは人類的発想であるが、我が国にあっては、神々・貴人の発する詞が聖詞・賀詞として保持され、威力を発揮した。この聖なる詞は祝詞・寿詞・呪言・唱言・語事などと呼ばれている。形式的に、あるいは内容的に固定して、和歌・諺などにも聖詞・賀詞

は伝承されていった。言霊は一般的に言語にこもるというより、ある特定の言語表現にこもると考えられるようになった。」（『神道辞典』神社新報社、「ことだま」の項より抜粋）

この説明では祝詞が和歌よりも先であるかのようであるが、最も古い「うた」（『万葉集』）と、最も古い「のりと」（『延喜式』）を比べると、正しくは「うた」のほうが古いか、少なくとも同時期であるだろう。

そして次のような考え方が込められていた。

「「言霊」の思想は、「ことば」は神のものであって、神秘の力、霊妙の力を有するものである、善い「ことば」は善い結果をもたらし、悪い「ことば」は悪い結果をもたらす、従って「ことば」に対しては極力慎みを深くして、これを決して粗末にしたり、乱してはならない、「ことば」の乱れは、生命の乱れ、心魂の乱れ、生活の乱れ、社会の乱れ、国の乱れを引き起こすものだから、「ことば」は常に正しくしてゆかなくてはならない、といった民族信条であるわけです。」（影山正治『神話に学ぶ』大東塾出版部）

すなわち日本および日本人の原理原則を考えるときに「ヤマト言葉」を重視するという姿勢も、また古代史用語の表記に「カタカナ」や「ひらがな」を使うというのも、「ことだま」思想によっている。

もちろんすべてが「ヤマト言葉」によって語れるわけではない。日本語はもともと外来語に柔軟であって、いわば外来語まで含めたものが「日本語」と呼ぶべきものである。高島氏の指摘も、また私が述べていることも、そういう意味をふまえていることはおわかりいただけると思う。

要は「ヤマト言葉」を大事にするのが「ことだま」思想である。したがって「平成」の元号制定に関与した人たちには「ことだま」思想はなかった。安岡氏はもちろん、政府その他の関係者は「ことだま」思想を失った人たちである。

「よみがえり」も「むすひ」も、ともにまぎれもない「ヤマト言葉」であって、出典は『古事記』である。そしてこれらが日本および日本人の原理原則を解き明かし、とくに古代史の謎を解くキーワードとなると私は確信している。

祭祀の転換と新たな国家

「呉太伯伝説」とのつながりで、もう一つ重要な要素を忘れてはならない。「銅鐸」である。「謎の遺物」とされて、いまだにその用途などは解明されていない。大勢は「祭器」としており、私もとくに異論はないが、考古遺物で用途不明のものはおおむね祭器とされるようだ。

銅鐸は、日本人には常識ともいうべき遺物だが、日本人以外の人たちはまったく知らないと言っても過言ではない。ちょうど私たちが「前方後円墳」という言葉を自然に口にするように「銅鐸」も小中学生の頃から馴染んでいる。ちなみに前方後円墳という特異な形状の古墳は日本全国に約三五〇〇基あるが、シナにも朝鮮にもこの形状の古墳はない。

同じように銅鐸も、厳密にはシナ・朝鮮にないのだが、むろんどちらも原型は古代シナにある。

銅鐸は、古くは中に「舌《ぜつ》」と呼ばれる棒状のものがぶら下げられていて、全体を振って鳴らすようになっていた。このタイプのものをシナでは「鈴《れい》」と呼んでいたが（「すず」ではない）、日本ではなぜか「鐸《たく》」と呼んだ。そして鐸とは本来、上部に取っ手が付いていて、これを摑んで振って鳴らすものだ。つまりハンド・ベルである。そして鈴《れい》は、取っ手の代わりに紐を通す耳があって、吊り下げて揺らして鳴らす。この青銅製の鈴《れい》こそは、日本の銅鐸の原型である。

銅鐸の発生は周王朝であった（付属物としての鈴《れい》は殷の時代に発生しているが、単独での鈴《れい》は周代）。周では、朝廷の重要な祭祀においてはとくに大がかりに用いられていたという。余韻のある響きはまさに神韻縹渺《しんいんひょうびょう》で、天を祀るような重要な儀式においては不可欠の祭器であったことだろう。

これが古代の日本においてどのように用いられていたのかは、まったくわかっていない。記録が何一つ残っていないので、ただ想像するばかりである。これほどの遺物について『古事記』にも『日本書紀』にも『風土記』にも何の記述もないのだ。約四〇〇年間にわたって五〇〇個以上造られてきた祭器について、なんの記述もないのはきわめて不可解だ。「銅鏡」と「銅剣」については詳細に記されているが、「銅鐸」についての記述は皆無である。これは異常事態というものだろう。記紀の成立が八世紀であることを思えば、すでに三世紀初頭には地上から完全に消え失せていた銅鐸のことは、五〇〇年以上が経過して、人々の記憶から消し去られていたのだろうか。

ただ、現在までに日本各地から出土している五〇〇個もの銅鐸が、かつて人々の脳裏に刻んだ刻印はきわめて印象的であったのではないかと思われる。なにしろあの造形だ。他に似ているものがまったくないという、きわめて特異なオブジェは、代々語り継ぐに値するものだろう。しかも、おそらくは「聖なる器」であったはずで、なによりも大切にされていたに違いないのだから。そう考えると、人々の記憶から簡単に失われるとは考えにくく、たとえ禁じられても代々語り継いだであろうことは容易に想像できる。

また、消え去ってからの五〇〇年間にも、偶然に発掘されたりしたことがまったくなかったとも思えない。発掘されても絶対的な「禁忌《タブー》」であるがゆえに、あわてて埋め戻されたとも考えられる。

とすれば、記紀には意図的に記されなかったとすべきかもしれない。それならば、その意図は何か。私の仮説は、宗教革命である。二世紀後半から三世紀初頭にかけて、この国には宗教革命、祭祀革命があった。すなわち、銅鐸祭祀から銅鏡祭祀への革命である。

五〇〇個の銅鐸の発掘分布と製作年代を見ると、いつ頃どの辺りに始まって、どういう経路で発展・移動したかがわかる。今後も新たな発掘があって多少の変化はあるかもしれないが、すでに発掘されている事実が消えるわけではないので、ここで概観しておこう。

製作年代は紀元前二世紀から後二世紀までのおおよそ四〇〇年間。そして九州から始まり、近畿で全盛期を迎えて、中部・関東で終息している。

銅鐸は江南の呉人が前二世紀に渡来して伝えたものと私は考えている。紀元前二世紀に海を渡り、出雲にもたらされたのが始まりだろう（大隅ではない）。呉は、祖王の太伯が周王家を出て建国したものだが、銅鐸の原型ともいうべきものは周の祭器である。以後は渡来した呉人あるいは越人みずからの手によって、独自のアレンジを加えつつ造られることになる。当初は後の銅鐸とはだいぶ趣を異にするものであったと考えられる。おそらくは小型で紋様などの装飾はほとんどなく、そして中舌があったであろう。振って鳴らす小型の鐘、ハンド・ベルであったと考えられる。そしてここから、日本の銅鐸の歴史が始まるのだ。以後四百年にわたる銅鐸祭祀が、王権の象徴的なイベントとしておこなわれることになる。

なお、鹿児島・宮崎からは銅鐸の出土はいまのところ見られない。いずれ発掘例があるかもしれないが、それでも少数に留まることは間違いないだろう。南九州に呉からもたらされたものは銅鐸ではなく銅鏡である。オオヒルメは印・鎰《いつ》とともに鏡も持参した。そしてその子孫が後のヤマト朝廷を打ち立てることになる。その結果、二世紀の後半には、銅鏡を祭器とする政権が主導権をつかんだ。この瞬間に、出雲・摂津地域を中心としていた政権は、約四〇〇年の統治に終止符を打ったのだ。そして臣下に組み込まれた。


銅鐸を用いた祭祀がどのようなものであったかは今はまだ判然しないが、少なくともその後の神道祭祀とは一線を画するものだろう。海人族（呉人が中心）が南九州に持ち込んだ民族宗教は古代道教であったろうと推測されるが、そのエッセンスは神道にも吸収・継承されている。したがって、銅鐸文化とともにその担い手たちが滅ぼされたわけではなく、むしろ統合され、支配下に入ったと考えたほうが妥当だろう。

銅鐸の消滅について、異教の外敵が攻めて来たので、あわてて隠した、そして征討・占領された——という類の説があるが、これは当たらない。発掘状況はおおむね全国共通で、整然と埋納されており、乱れた様子はない。また、いずれも深さ数十センチメートル程度の比較的浅い穴を掘って整然と横たえてある。これは、祭祀で用いる時以外は土中に蔵していたと理解してよいだろう。そして、銅鐸祭祀を禁止されたために、埋納されたままになったのであろう。なお、銅鐸を製造していたのは伊福部氏であった。彼らがニギハヤヒの裔であるというのも一つの証左になっている。

銅鐸文化の系譜は、周に始まるが、これを男系のヒルコすなわちスサノヲ、イソタケルが継承したのではないか。女系のヒルメは銅鏡を継承した。優れた銅鐸が和歌山県に多いのは、紀氏の支配地であればこそであって、これに勝る理由は他にはないだろう。ヒルメの姫氏は銅鐸に拘泥せず、銅剣、銅矛、銅戈《どうか》や銅鏡をも祭器として呑み込んだ。それによって地方の一小国から、ヤマトという統合国家を造り上げ、武力王であると同時に祭祀王としても君臨することになるのだ。しかし和歌山の紀氏は銅鐸文化を遵守し、ついにこの地から出ることをしなかった。後々にヤマト・姫氏の子孫が中央での政争に窮すればこれを匿《かくま》い、ヤマト姫氏は政権の安定している時には南紀訪問を欠かさなかったのは、こういう由来があるからだろう。

天皇家はなぜ氏姓を消したのか

ところで天皇家は、なぜ「姫」姓を名乗るのをやめたのか。それは「天皇号」の制定と直結していると考えられる。六八一年、天武天皇の詔により、律令編纂が開始された。この時、制度としての天皇の位置付けが定まった。すでにそれ以前から天皇は「氏姓（うじ・かばね、しせい）」を与える存在・機関と位置付けられていたが（能動）、律令によって唯一無二の存在となり、天皇以外の者は氏姓を与えられる存在（受動）となった。

すなわち与える者と与えられる者の厳格な区分区別である。この立場の違いは、神と人の違いに匹敵すると知らしめることになる。天皇を「現人神《あらひとがみ》」と位置付けるためである。この思想は後世、吉田松陰が唱道した「一君万民」に直結する基本思想であり、実はそれこそが日本の律令国家の本質である。

同じように律令制度を採用したシナ・朝鮮においては、制度名が同じために誤解されるが、根本的に異なる制度だ。

したがって、天皇に氏も姓もあってはならないことになる。もしあれば、それは誰から与えられたのかということになり、天皇の上に存在する何者かを示唆することになるからだ。

シナ・朝鮮では「天」から与えられたことにしている。すなわち名乗りは「天命」なのである。

日本では、天皇そのものが究極の存在であり、「天の皇帝」になった。天皇大帝、すなわち北極星の化身と位置づけたのだ。天皇は究極の存在として君臨することによって、律令制の保証たりうる。ここが日本以外の国と大きく異なるところである。

同様に律令制を採り入れた朝鮮はもちろん、律令制発祥の国であるシナにおいても、統治者である皇帝はあくまでも「人」であって「神」ではない。天命という言葉に体現されるように、皇帝の位は「天」から「任命」されるものであって、だから皇帝はどこまで行っても「人」である。したがって、論理的には誰でも皇帝になれる可能性がある、ということだ。

しかし日本では、唯一無二の存在である天皇（おおきみ、すめらみこと）になるということは、生きながらにして神となる、という意味である。氏姓を与える立場であるというところから、さらに一歩踏み出して、次元の異なる地平へ到達したと言えるだろう。天武天皇の発想がこの独自の制度、特異な思想を生み出した。

天皇という制度が実施された時、天皇の氏姓は消えた。律令に定めのない定めとして、明文化されない究極の法として、それは成立した。以後その法は継承されて、ついに一三〇〇年以上の時が経過するも、その間に誰も改めようとはしなかった。

とくに第二次大戦終結の後は改めても不思議ではなかったが、そのままにされた。アラヒトガミという制度は解体されたが、それを保証する無姓はなぜかそのまま継続された。アメリカ政府がその本質を理解していなかったのか、それとも日本側のなんらかの戦略が功を奏したのか事実は不明である。

しかしいずれにしても新憲法下でも、天皇の氏姓は復活されなかったのだ。新憲法によって日本および日本人は骨抜きにされてしまったが、根本の一点において民族統合の保証を護ったのだ。

もしもこの時に、天皇家の「姫氏」たる名乗りが復活されていたならば、天皇も一人の日本人になってしまい、その後の日本人の意識は大きく変わることになっていただろう。少なくとも、それだけは回避できたわけで、私はこれをなによりの僥倖としている。

誤解のないようにあらためて言っておくが、天皇家に姓（苗字）はない。姫氏とは、天皇家の祖先が六八九年の飛鳥浄御原令の発布以前まで名乗っていた姓氏であって、正確には大王《おおきみ》家の姓氏である。大王家には姫という苗字があったが、天皇家には苗字はないのだ。法的にも文化的にも歴史的にも政治的にもない。

だから、『新撰姓氏録』に「姫氏」はない。『新撰姓氏録』は、あくまでも臣民の記録であって、「姓氏」を持つ者の記録なのである。

「皇別」の系譜を見ると、ほとんどがいずれかの天皇を氏祖としている。つまり、今は氏姓を得ているが、元は与える側であったと主張しているわけである。すなわち血統の保証である。

息長《おきなが》氏（真人）　応神天皇の裔。
高階《たかしな》氏（真人）　天武天皇の子、高市皇子の裔。
文室《ふんや》氏（真人）　天武天皇の子、長皇子の裔。

清原氏（真人）　天武天皇の子、舎人親王の裔。
多治比《たじひ》氏（真人）　宣化天皇の裔。
多氏（朝臣）　神武天皇の子、神八井耳命の裔。
十市氏（朝臣）　安寧天皇の子、磯城津彦命の裔。
巨勢氏（朝臣）　孝元天皇の裔。
良岑《よしみね》氏（朝臣）　桓武天皇の子、良岑安世の裔。
在原氏（朝臣）　平城天皇の子、阿保親王・高岳親王の裔。
阿倍（安倍）氏（朝臣）　孝元天皇の裔。
上毛野《かみつけの》氏（朝臣）　崇神天皇の子、豊城入彦命の裔。
紀氏（朝臣）　孝元天皇の孫、武内宿禰の裔。（紀伊国造家とは別系統）
小野氏（朝臣）　孝昭天皇の子、天足彦国押人命の裔。
越智氏（宿禰）　孝霊天皇の裔。
新田部《にいたべ》氏（宿禰）　安寧天皇の子、磯城津彦命の裔。
小槻《おづき》氏（臣）　垂仁天皇の裔。
阿蘇氏（公）　神武天皇の子、神八井耳命の裔。
葛城《かづらき》氏（朝臣）　武内宿禰の子、葛城襲津彦の裔。
他。

ちなみに「天皇《てんのう》」の語源は、「天皇大帝《てんおうだいてい》」である。呼び名としてより古いのは「ヤマト言葉」、いわゆる訓読みである。これに対して音読みは新しい。音読みは漢音であるからだ。したがって「天皇」の読み方は、「すめらみこと」や「おおきみ」などが古く、「てん・おう」は新しく、「てん・のう」はさらに新しい。

「すめらみこと」とは「統べる・みことのり」、「おおきみ」とは「大いなる・君」の意である。古くは「大王」と書いて「おおきみ」と読ませていたが、これを「天皇」という表記に代えたことで、その文字の訓みが通り名となったのだ。大王（だいおう）も天皇（てんおう）も漢語を借用利用したものであるが、「てんのう」と訓読することによって和語となり、「おおきみ」を正しく受け継ぐ尊号として新たな歴史が始まった。

そして、これをおこなったのが天武天皇である。

余談であるが、国家体制の思想統一をはかった天武天皇は、自ら設計した宮に「太極殿《たいきょくでん》（大極殿《だいごくでん》）」を設け、そこで執務することによって「天命を発する」という論理を採った。これをおこなえる者は「天皇」唯一人である。

なお、『日本書紀』では遡ってそれ以前の天皇にも使われているが、初発は天武天皇である。ということは、「姫」という氏姓とまさに交代で採用されたということだ。「姫」を名乗る者は天皇ではなく、天皇であるならば「姫」は名乗らない。それが古来の定めである。

これに対して桓武天皇は、曽祖父・天智天皇の治世を継承し発展させることに全精力を注いだ。

『新撰姓氏録』は嵯峨天皇によって編纂されたが、もともとは桓武天皇による発議であった。完成に年月を要したために、桓武帝在世中に完成できなかったということである。

そして桓武帝は、天武天皇の治世にただならぬ対抗心を抱いていた。藤原京から平城京までが天武帝の治世であるなら、平安京はあらゆる意味でそれを超えるものでなければならなかったのだ。

その象徴的施策こそが『新撰姓氏録』であった。「皇別」を冒頭に明記することによって、天皇・皇族が特別な存在であることを明確にした。

しかし同時に、編集上の矛盾から、神別こそが日本氏族の根源であると認識されていたことも明らかになった。すなわち、いまや日本人は、すべての者が「神々の子孫」である。これは「民族の思想」であろう。神社は本来、氏祖を祀る守護神であり、いずれかの神社の氏子である私たちは、すなわちその裔であるという共通認識を持つことによって、日本人たりうるのであるだろう。

天皇家が氏を消して千数百年が経過した。そしていまもなお、天皇家に姓氏《せいし》（苗字）はない。すでに与えるもの、すなわち氏姓《うじかばね》という制度はなく、したがって与える役割も存在しない。すなわち本来の意味を喪失した制度、ということになる。はたしてこの伝統はいかなる決着を迎えるのであろうか。

あとがき　神々の子孫は、いずこへ

天皇家（皇室）を「一氏族」として考えるなら、かつてこれほど巨大な氏族一族は日本には他に存在したことはなく、また今後も存在することはないだろう。

にもかかわらず、現代においてはきわめて小さな氏族一族になってしまったことは周知の通りである。血縁等による縁戚まで数えれば依然として巨大な氏族であるのだが、厳密にいえば現代においてもなお「無姓」であるのが天皇家の天皇家たるアイデンティティでもあるので、そうであるならば臣籍降下（降嫁）によって民間の苗字を名乗ることとなり、しかも戸籍を得た方々は天皇家（皇室）ではないということである。

宮内庁によれば以下の通り。

「皇室は、天皇皇后両陛下、上皇上皇后両陛下と皇族殿下方で構成されています。これらの方々は、内廷にある方々と、それ以外の宮家の皇族殿下方とに分かれます。

現在、内廷にある方々は、天皇皇后両陛下及び愛子内親王殿下並びに上皇上皇后両陛下の五方です。

また、宮家の皇族殿下方は、秋篠宮（五方）、常陸宮（二方）、三笠宮（四方）、高円宮（二方）の各宮家の十三方です。」（令和二年一〇月一〇日現在／宮内庁ホームページより）

すなわち、天皇家（皇室）は総勢一八方である。なんと少数であることか。

ひとたび臣籍降下したならば、ふたたび皇室復帰は不可であると古来定められているとされるが、これは誤解である。臣籍降下した方は皇室復帰は可能であって（皇室典範に明記されている）、歴史上も事例が存在する。

ただし、臣籍降下して臣民（一般国民）となった方に子が生まれても、その子は生まれた時から一般国民であるため、「復帰」にはならない。復帰できるのは降下した本人のみである。その方の子は、もし皇族になるとすれば新規に皇族になることとなるが、むろんそのようなことは許されるはずもない。

そして、現時点で「皇族復帰」の有資格者は、終戦直後にＧＨＱによって降下させられた方々のこととなるので、例外なく皆様たいへんご年配ご高齢である。したがって、この方々がすべて皇室復帰したとしても、皇室の将来にとってとくに貢献はできないと思われる。さて、この〝危機〟を救う方法はあるのだろうか。

今上陛下は私より少々お若くあらせられるゆえ、順序から考えて私のほうが先にこの世からおいとますることとなるだろう。よって、これから間もなく招来されるであろう「歴史的危機」に直面するのは私よりお若い方々である。無事、乗り越えていかれるよう祈っております。

ちなみに本書で紹介したように、すでに約一二〇〇年前に、日本国は数多くの「皇別」が中心となり、「神別」と「諸蕃」とに支えられて成立していた。その後の歴史を概観するに「神別」の人々が主軸となることによって国の隆盛をもたらし、ここまで発展させたことは間違いない。

当時の「諸蕃」の人々は、この間にほとんどが神別に吸収され、一体となった。

しかも実は、「皇別」のほとんども、降下して「神別」に吸収されて一体化している。

つまり、今の日本国は「神別」によって機能していると言って過言ではない。

とはいえ、近年新しい「諸蕃」の人たちが続々と渡来し、その多くは日本国籍も取得している。

言い換えれば、皇別にも神別にも諸蕃にも、新たな時代がやってきているのかもしれない。

はたしていずこへ導いてくれるのか、「恍惚と不安と二つ我にあり」とだけ表明しておこう。

なお、本文の一部は既刊自著（巻末に掲載）より一部を抜粋し要約・補筆をおこない掲載している。それぞれの著書とも関連深く、各テーマをより掘り下げているので、別途ぜひご一読を。

令和二年　為《し》果《は》つ　戸矢　学

《巻末資料》

『新撰姓氏録』収載氏族一覧一一八二氏

・佐伯有清『新撰姓氏録の研究　本文篇』による。以下掲載順。
・旧字はすべて新字に変更。
・同名の重複は由緒、居住地等が異なる。
・氏族名にルビがないものは、その読みが明らかでないもの。
・氏族名のあとに（不詳）とあるのは、その出自等が明確でないもの。

【皇別氏族】三三五氏

■左京皇別　三〇氏

息長《おきなが》真人　山道《やまじ》真人　坂田酒人《さかたのさかひと》真人　八多《はた》真人　三国《みくに》真人
路《みち》真人　守山《もりやま》真人　甘南備《かんなび》真人　飛多《ひだ》真人　英多《あがた》真人
大宅《おおやけ》真人　大原《おおはら》真人　島根《しまね》真人　豊国《とよくに》真人　山於《やまのえ》真人
吉野《よしの》真人　桑田《くわた》真人　池上《いけのえ》真人　海上《うなかみ》真人　清原《きよはら》真人
香山《かぐやま》真人　登美《とみ》真人　蜷淵《みなぶち》真人　三島《みしま》真人　淡海《おうみ》真人
三園《みその》真人　笠原《かさはら》真人　高階《たかしな》真人　氷上《ひかみ》真人　岡《おか》真人

■右京皇別　一一氏

山道《やまじ》真人　息長丹生《おきながのにう》真人　三国《みくに》真人　坂田《さかた》真人　多治《たぢひ》真人
為名《いな》真人　春日《かすが》真人　高額《たかぬか》真人　當麻《たいま》真人　文室《ふみや》真人　豊野《とよの》真人

■山城国皇別　一氏

三国《みくに》真人

■大和国皇別　一氏

酒人《さかひと》真人

■摂津国皇別　一氏

為奈《いな》真人

■左京皇別上　四二氏

源《みなもとの》　朝臣《あそん》　良岑《よしみね》朝臣　長岡《ながおか》朝臣　広根《ひろね》朝臣　春原《はるはら》朝臣
三原《みはら》朝臣　永原《ながはら》朝臣　橘《たちばな》朝臣　淡海《おうみ》朝臣　阿倍《あべ》朝臣
布勢《ふせ》朝臣　完人《ししひと》朝臣　高橋《たかはし》朝臣　許曽倍《こそべ》朝臣　阿閉《あえの》臣
竹田《たけだ》臣　名張《なばり》臣　佐々貴山《ささきやま》公　膳大伴部《かしわでのおおともべ》　阿倍志斐《あべのしし》連

石川《いしかわ》朝臣　田口《たぐち》朝臣　桜井《さくらい》朝臣　紀《き》朝臣　角《つの》朝臣
坂本《さかもと》朝臣　林《はやし》朝臣　道守《ちもり》朝臣　雀部《さざきべ》朝臣　生江《いくえ》臣
布師首《ぬのしのおびと》　箭口《やぐち》朝臣　多《おお》朝臣　小子部《ちいさこべ》宿禰　吉備《きび》朝臣
下道《しもつみち》朝臣　道守《ちもり》朝臣　御使《みつかい》朝臣　犬上《いぬかみ》朝臣　坂田《さかた》宿禰
間人《はしひと》宿禰　新田部《にいたべ》宿禰

■左京皇別下　三二氏

大春日《おおかすが》朝臣　小野《おの》朝臣　和安部《やまとのあべ》朝臣　和爾部《わにべ》宿禰　櫟井《いちいい》臣
和安部《やまとのあべ》臣　葉栗《はくり》臣　吉田《よしだ》連　丸部《わにべ》　丈部《はせつかべ》
下毛野《しもつけの》朝臣　上毛野《かみつけの》朝臣　池田《いけだ》朝臣　住吉《すみよし》朝臣　池原《いけはら》朝臣
上毛野坂本《かみつけののさかもと》朝臣　車持《くるまもち》公　大網《おおよさみ》公　桑原《くわはら》公　川合《かわい》公
垂水史《たるみのふひと》　商長首《あきおさ》　吉弥侯部《きみこべ》　甲能《こうの》　葛城《かつらき》朝臣
稲城壬生公《いなきのみぶ》　小槻《おづき》臣　牟義《むげ》公　守《もり》公　治田《はりた》連
軽我孫《かるのあびこ》　鴨県主《かものあがたぬし》

■右京皇別上　三三氏

八多《はた》朝臣　巨勢《こせ》朝臣　巨勢楲田《こせのひた》朝臣　巨勢斐太《こせのひだ》臣　紀《き》朝臣
平群《へぐり》朝臣　平群文室《へぐりのふみや》朝臣　都保《つほ》朝臣　高向《たかむこ》朝臣　田中《たなか》朝臣

小治田《おはりた》朝臣　川辺《かわべ》朝臣　岸田《きしだ》朝臣　久米《くめ》朝臣　御炊《みかしき》朝臣
玉手《たまて》朝臣　掃守田《かにもりだ》首　上毛野《かみつけの》朝臣　佐味《さみ》朝臣　大野《おおの》朝臣
垂水《たるみ》公　田辺《たなべ》史　佐自努《さじぬ》公　若桜部《わかさくらべ》朝臣　阿閉《あえ》臣
伊賀《いが》臣　阿閉間人《あえのはしひと》臣　他田広瀬《おさだのひろせ》朝臣　道《みち》公　音太部《おとほべ》
会加《えが》臣　杖部《はせつかべ》造　猪使《いつかい》宿禰

▒右京皇別下　三四氏

粟田《あわた》朝臣　山上《やまのうえ》朝臣　真野《まの》臣　和邇部《わにべ》　安那《あな》公
野中《のなか》　和気《わけ》朝臣　山辺《やまのべ》公　阿保《あほ》朝臣　羽咋《はくい》公
讃岐《さぬき》公　酒部《さかべ》公　建部《たけるべ》公　別《わけ》公　御立《みたち》史
高篠《たかしの》連　佐伯直《さえきのあたい》　笠《かさ》朝臣　笠《かさ》臣　吉備《きび》臣
真髪部《まかみべ》　廬原《いおはら》公　宇自可《うじか》臣　道守《ちもり》臣　島田《しまだ》臣
茨田《まんだ》連　志紀《しき》首　薗部《そのべ》　火《ひ》　高円《たかまど》朝臣
日置《へき》朝臣　息長連　大私部《おおきさきべ》　新良貴《しらぎ》

▒山城国皇別　二四氏

小野《おの》朝臣　粟田《あわた》朝臣　小野《おの》臣　和邇部《わにべ》　大宅《おおやけ》
葉栗《はくり》　村《むら》公　度守《わたしもり》首　阿閉《あえ》臣　的《いくは》臣

与等《よど》連　曰佐《おさ》　出庭《いでわ》臣　日下部《くさかべ》宿禰　軽我孫《かるのあびこ》公
堅井《かたい》公　別《わけ》公　道守《ちもり》臣　今木《いまき》　間人《はしひと》造
布施《ふせ》公　茨田連　茨田勝《まんたのすぐり》　息長竹原《おきちながのたけはら》公

■大和国皇別　一八氏

星川《ほしかわ》朝臣　江沼《えぬま》臣　内《うち》臣　山《やま》公　阿祇奈《あきな》君
馬工《うまみくい》連　曰佐《おさ》　池後《いけしり》臣　巨勢楲田《こせのひた》臣　音太部《おとほべ》
坂合部《さかいべ》首　柿下《かきのもと》朝臣　布留《ふる》宿禰　久米《くめ》臣　肥《ひ》直
下養《しもかい》公　広来津《ひろきつ》公　川俣《かわまた》公

■摂津国皇別　二九氏

川原《かわはら》公　榛原《はりはら》公　高橋《たかはし》朝臣　佐々貴山《ささきやま》君　久々智《くくち》
坂合部《さかいべ》　伊我水取《いがのもいとり》　吉志《きし》　三宅《みやけ》人　雀部《ささきべ》朝臣
坂本《さかもと》臣　阿支奈《あきな》臣　布敷《ぬのしき》首　井代《いて》臣　津門《つと》首
物部《もののべ》首　和邇部《わにべ》　物部《もののべ》　羽束《はつかし》首　日下部《くさかべ》宿禰
衣羅《よさみ》宿禰　鴨《かも》君　山辺《やまのべ》公　山守《やまもり》　豊島《てしま》連
松津《まっつ》首　道守《ちもり》臣　韓矢田部《からやたべ》造　車持《くるまもち》公

▩河内国皇別　四六氏

阿閉朝臣《あえ》　阿閉臣《あえ》　日下連《くさか》　大戸首《おおべ》　難波忌寸《なにわのいみき》
難波《なにわ》　道守朝臣《ちもり》　山口朝臣《やまぐち》　林朝臣《はやし》　道守臣《ちもり》
的臣《いくは》　塩屋連《しおや》　小家連《おやけ》　原井連《はらい》　早良臣《さわら》
布忍首《ぬのし》　額田首《ぬかた》　紀祝《きいのほうり》　紀部《きべ》　蘇何《そが》
大宅臣《おおやけ》　壬生臣《みぶ》　物部《もののべ》　日下部連《くさかべ》　川俣公《かわまた》
豊階公《とよしな》　酒人造《さかひと》　日下部《くさかべ》　忍海部《おしぬみ》　茨田宿禰《まんだ》
志紀県主《しきのあがたぬし》　紺口県主《こんく》　志紀首《しき》　下家連《しものや》　江首《え》
大田宿禰《おおた》　尾張部《おわり》　守公《もり》　阿礼首《あれ》　広来津公《ひろきつ》
止美連《とみ》　村挙首《むらげ》　佐伯直《さえき》　蘇宜部首《そがべ》　磯部臣《いそべ》　蓁原《はりはら》

▩和泉国皇別　三三氏

道守朝臣《ちもり》　坂本朝臣《さかもと》　的臣《いくは》　布師臣《ぬのし》　紀辛梶臣《きのからかじ》
大家臣《おおやけ》　掃守田首《かにもりだ》　丈部首《はせつかべ》　雀部臣《さざきべ》　小子部連《ちいさこべ》
志紀県主《しき》　膳臣《かしわで》　他田《おさだ》　葦占臣《あしうら》　物部《もののべ》
網部物部《よさみべのもののべ》　根連《ね》　櫛代造《くしろ》　日下部首《くさかべ》　日下部《くさかべ》
佐代公《さて》　珍県主《ちぬ》　登美首《とみ》　葛原部《くずはらべ》　茨木造《うばらき》
丹比部《たじひ》　軽部《かるべ》　和気公《わけ》　県主《あがたぬし》　酒部公《さかべ》　池田首《いけだ》　聟本《むこもと》　山公《やま》

【神別氏族】四〇四氏

■左京神別上　三八氏

天神

藤原《ふじわら》朝臣　大中臣《おおなかとみ》朝臣　中臣酒人《なかおみのさかひと》宿禰　伊香《いか》連　中臣宮処《なかとみのみやところ》連
中臣方岳《なかとみのかたおか》連　中臣志斐《なかとみのしひ》連　殖栗《えぐり》連　中臣大家《なかとみのおおやけ》連　中村《なかむら》連
石上《いそのかみ》朝臣　穂積《ほづみ》朝臣　阿刀《あと》宿禰　若湯坐《わかゆえ》宿禰　春米《つきしね》宿禰
小治田《おはりた》宿禰　弓削《ゆげ》宿禰　氷《ひ》宿禰　穂積《ほづみ》臣　矢田部《やたべ》連
矢集《やつめ》連　物部肩野《もののべかたの》連　柏原《かしはら》連　依羅《よさみ》連　柴垣《しばがき》連
佐為《さい》連　葛野《かどの》連　登美《とみ》連　水取《もいとり》連　大貞《おおさだ》連
曽禰《そね》連　越智《おち》直　衣縫《きぬぬい》造　軽部《かるべ》造　物部《もののべ》　真神田曽禰《まかみだのそね》連　大宅《おおやけ》首　猪名部《いなべ》造

■左京神別中　二二三氏

天神

大伴《おおとも》宿禰　佐伯《さえき》宿禰　大伴《おおとも》連　榎本《えのもと》連　神松《かみまつ》造
日奉《ひまつり》連　県犬養《あがたのいぬかい》宿禰　大椋置始《おおくらのおきそめ》連　雄儀《おぎ》連　竹田《たけだ》連
掃守《かにもり》連　小山《おやま》連　畝尾《うねび》連　久米《くめ》直　浮穴《うきあな》直
宮部《みやべ》造　間人《はしひと》宿禰　爪工《はたくみ》連　多米《ため》連

天孫

出雲宿禰《いずも》　出雲《いずも》　入間宿禰《いるま》　佐伯連《さえき》

■左京神別下　二一氏

天神

伊勢朝臣《いせ》　弓削宿禰《ゆげ》　若倭部《わかやまとべ》

天孫

尾張宿禰《おわり》　尾張連《おわり》　伊福部宿禰《いおきべ》　湯母竹田連《ゆおものたけだ》　竹田川辺連《たけだのかわべ》

石作連《いしつくり》　檜前舎人連《ひのくまのとねり》　榎室連《えむろ》　丹比須布《たじひのすふ》　但馬海直《たじまのあま》

大炊刑部造《おおいのおさかべ》　坂合部宿禰《さかいべ》　額田部湯坐連《ぬかたべのゆえ》　三枝部連《さきくさべ》　奄智造《あんち》　額田部《ぬかたべ》

地祇

弓削宿禰《ゆげ》　石辺公《いそべ》

■右京神別上　三六氏

天神

采女朝臣《うねめ》　中臣習宜朝臣《なかとみのすげ》　中臣熊凝朝臣《なかとみのくまこり》　巫部宿禰《かんなぎべ》　箭集宿禰《やつめ》

内田臣《うちた》　長谷置始連《はせのおきそめ》　高階連《たかしな》　水取連《もいとり》　小治田連《おはりた》

依羅連《よさみ》　曽祢連《そね》　肩野連《かたの》　若桜部造《わかさくらべ》　大宅首《おおやけ》

神麻績連《かんおみ》　鳥取連《ととり》　三島宿禰《みしま》　天語連《あまかたり》　佐伯造《さえき》

大伴大田《おおとものおおた》宿禰　佐伯日奉《さえきのひまつり》造　高志《こし》連　高志壬生《こしのみぶ》連　額田部《ぬかたべ》宿禰
額田部瓱玉《ぬかたべのみかたま》　久米《くめ》直　屋《や》連　多米《ため》宿禰　斎部《いんべ》宿禰
玉祖《たまのや》宿禰　忌玉作《いみたまつくり》　波多門部《はたのかどべ》造　壱伎《いき》直

天孫

出雲《いずも》臣　神門《かんど》臣

▩右京神別下　二九氏

天神

若倭部《わかやまとべ》連　伊与《いよ》部

天孫

土師《はじ》宿禰　菅原《すがわら》朝臣　秋篠《あきしの》朝臣　大枝《おおえ》朝臣　丹比《たじひ》宿禰
尾張《おわり》連　伊与《いよ》部　六人部《むとべ》　子部《こべ》　大炊刑部《おおいのおさかべ》造
朝来《あさこ》直　若倭部《わかやまとべ》　川上《かわかみ》首　坂合部《さかいべ》宿禰　阿多御手犬養《あたのみてのいぬかい》
滋野《しげの》宿禰　大村《おおむら》直　大家《おおやけ》首　高市《たけち》連　桑名《くわな》首

地祇

宗形《むなかた》朝臣　安曇《あずみ》宿禰　海犬養《あまのいぬかい》　凡海《おおしうみ》連　青海《あおみ》首　八木《やぎ》造　倭太《やまとのおお》

■山城国神別　四五氏

天神

阿刀宿禰《あと》　阿刀連《あと》　熊野連《くまの》　宇治宿禰《うじ》　佐為宿禰《さい》

佐為連《さい》　中臣葛野連《なかとみのかどの》　巫部連《かんなぎべ》　高階連《たかしな》　宇治山守連《うじのやまもり》

奈癸私造《なきのきさき》　真髪部造《まかみべ》　今木連《いまき》　奈癸勝《なきのすぐり》　額田臣《ぬかた》

筑紫連《つくし》　秦忌寸《はた》　錦部首《にしごり》　鳥取連《ととり》　今木連《いまき》

巨椋連《おぐら》　額田部宿禰《ぬかたべ》　賀茂県主《かも》　鴨県主《かも》　矢田部《やたべ》

丈部《はせつかべ》　西泥土部《かわちのはにしべ》　祝部《ほうりべ》　税部《ちからべ》　呉公《くれ》　神宮部造《かんみやべ》　菅田首《すがた》

天孫

土師宿禰《はじ》　出雲臣《いずも》　出雲臣《いずも》　尾張連《おわり》　六人部連《むとべ》

伊福部《いおきべ》　石作《いしつくり》　水主直《みぬし》　三富部《みとべ》　山背忌寸《やましろ》　阿多隼人《あたのはやと》

地祇

石辺公《いそば》　狛人野《こまひとの》

■大和国神別　四四氏

天神

佐為連《さい》　志貴連《しき》　真神田首《まかみだ》　長谷山直《はせのやま》　矢田部《やたべ》

県使首《あがたつかい》　長谷部造《はせべ》　委文宿禰《しどり》　田辺宿禰《たなべ》　多米宿禰《ため》

葛木忌寸《かづらき》　門部連《かどべ》　服部連《はとり》　白堤首《しろつつみ》　高志連《こし》
仲丸子《なかのまるこ》　大家臣《おおやけ》　添県主《そお》　御手代首《みてしろ》　掃守《かにもり》
飛鳥直《あすか》　大田祝山直《おおたのはふりやま》　踰部大炊《こしべのおおい》

天孫

土師宿禰《はじ》　贄土師連《にえのはじ》　尾張連《おわり》　伊福部宿禰《いおきべ》　伊福部連《いおきべ》
蝮王部首《たじひのみぶべ》　工造《たくみ》　二見首《ふたみ》　大角隼人《おおすみのはやと》　大坂直《おおさか》
三枝部連《さきくさべ》　額田部河田連《ぬかたべのかわた》　奄智造《あんち》　伊蘇志臣《いそし》

地祇

吉野連《よしの》　大神朝臣《おおみわ》　賀茂朝臣《かも》　和仁古《わにこ》　大和宿禰《やまと》　長柄首《ながら》　国栖《くず》

▒摂津国神別　四五氏

天神

津島朝臣《つしま》　椋垣朝臣《くらかき》　荒城朝臣《あらき》　中臣東連《なかとみのひがし》　神奴連《かんやつこ》
中臣藍連《なかとみのあい》　中臣大田連《なかとみのおおた》　生田首《いくた》　若湯坐宿禰《わかゆえ》　巫部宿禰《かんなぎべ》
田々内臣《ただうち》　阿刀連《あと》　物部韓国連《もののべからくに》　矢田部造《やたべ》　佐夜部首《さやべ》
小山連《おやま》　多米連《ため》　犬養《いぬかい》　目色部真時《ましこべのまさとき》　委文連《しとり》
竹原《たけはら》　額田部宿禰《ぬかたべ》　額田部《ぬかたべ》　服部連《はとり》

天孫

津守宿禰《つもり》　六人部連《むとべ》　石作連《いしつくり》　蝮部《たじひべ》　刑部首《おさかべ》

津守《つもり》　日下部《くさかべ》　凡河内忌寸《おおしこうち》　国造《くにのみやつこ》　山直《やま》　土師連《はじ》　凡河内忌寸《おおしこうち》　羽束《はつかし》

地祇

大和連《やまと》　凡海連《おおしうみ》　阿曇犬養連《あずみのいぬかい》　物忌直《ものいみ》　鴨部祝《かもべのはふり》　我孫《あびこ》　神人《みわひと》　神人《みわひと》

■河内国神別　六三氏

天神

菅生朝臣《すがお》　中臣連《なかとみ》　中臣酒屋連《なかとみのさかや》　村山連《むらやま》　中臣高良比連《なかとみのたからひ》

平岡連《ひらおか》　川跨連《かわまた》　中臣連《なかとみ》　中臣《なかとみ》　弓削宿禰《ゆげ》

玉祖宿禰《たまのや》　林宿禰《はやし》　家内連《やぬち》　佐伯首《さえき》　葛木直《かづらき》

役直《えん》　恩智神主《おんちのかんぬし》　委文宿禰《しとり》　美努連《びの》　鳥取《ととり》

多米連《ため》　城原《きはら》　紀直《き》　大村直田《おおむらのあたいた》連　氷連《ひ》

鳥見連《とみ》　高屋連《たかや》　高橋連《たかはし》　宇治部連《うじべ》　物部依羅連《もののべのよさみ》

矢田部首《やたべ》　物部《もののべ》　物部飛鳥《もののべのあすか》　積組造《つぶくみ》　日下部《くさかべ》

栗栖連《くりす》　若湯坐連《わかゆえ》　勇山連《いさやま》　物部首《もののべ》　津門首《つと》

掃守宿禰《かにもり》　掃守連《かにもり》　守部連《もりべ》　掃守造《かにもり》　浮穴直《うきあな》

服連《はとり》　神人《みわひと》

天孫

襷多治比宿禰《たすきたじひ》　丹比連《たじひ》　若犬養宿禰《わかいぬかい》　笛吹《ふえふき》　吹田連《すきた》
身人部連《むとりべ》　尾張連《おわり》　五百木部連《いおきべ》　出雲臣《いずも》　額田部湯坐連《ぬかたべのゆえ》
津夫江連《つぶえ》　凡河内忌寸《おおしこうち》　大県主《おおあがたぬし》

地祇
宗形君《むなかた》　安曇連《あずみ》　等禰直《とね》

■和泉国神別　六〇氏

天神
宮処朝臣《みやところ》　狭山連《さやま》　和太連《やまとのおお》　志斐連《しひ》　蜂田連《はちだ》
殿来連《どのく》　大鳥連《おおとり》　中臣部《なかとみべ》　民直《みたみ》　評連《つき》
畝尾連《うねび》　中臣表連《なかとみのうえ》　采女臣《うねめ》　韓国連《かんくに》　阿刀連《あと》
宇遅部連《うじべ》　巫部連《かんなぎべ》　曽禰連《そね》　志貴県主《しきあがたぬし》　若桜部造《わかさくらべ》
榎井部《えのい》　物部《もののべ》　網部《よさみべ》　衣縫《きぬぬい》　高岳首《たかおか》
安幕首《やすまか》　大伴山前連《おおとものやまさき》　爪工連《はたくみ》　掃守首《かにもり》　物部連《もののべ》
和山守首《にぎのやまもり》　和田首《にぎた》　高家首《たかや》　大庭造《おおにわ》　神直《かんのあたい》　紀直《き》
大村直《おおむら》　川瀬造《かわせ》　直尻家《なおしりのや》　高野《たかの》　鳥取《ととり》　川枯首《かわかれ》　荒田直《あらたのあたい》

天孫
土師宿禰《はじ》　土師連《はじ》　山直《やま》　石津連《いしつ》　民直《みたみ》

若犬養《わかいぬかい》宿禰　丹比《たじひ》連　石作《いしつくり》連　津守《つもり》連　網津守連

椋《くら》連　綺《かにはた》連　高市《たけち》県主　末使主《すえのおみ》　穴師神主《あなしのかんぬし》　坂合部《さかいべ》

地祇

長《なが》公

【諸蕃氏族】　三二六氏

■左京諸蕃上　三五氏

漢

太秦公《うずまさのきみ》宿禰　秦長蔵《はたのながくら》連　秦《はた》忌寸　秦《はた》忌寸　秦《はた》造

文《ふみ》宿禰　文《ふみ》忌寸　武生《たけふ》宿禰　桜野《さくらの》首　伊吉《いき》連

常世《とこよ》連　山代《やましろ》忌寸　大崗《おおおか》忌寸　幡文《はたのあや》造　楊侯《やこ》忌寸

木津《きつ》忌寸　楊胡《やこ》史　浄村《きよむら》宿禰　清宗《きよむね》宿禰　清海《きようみ》宿禰

嵩山《すせ》忌寸　栄山《さかやま》忌寸　長国《ながくに》忌寸　栄山《さかやま》忌寸　嵩山《すせ》忌寸

清川《きよかわ》忌寸　清海《きようみ》忌寸　新長《にいおさ》忌寸　当宗《まさむね》忌寸　丹波《たんば》史

大原《おおはら》史　桑原《くわはら》村主　下《しも》村主　上《かみ》村主　筑紫《つくし》史

■左京諸蕃下　三七氏

漢

吉水《よしみず》連　牟佐《むさ》村主　和薬使主《やまとのくすし》　大石《おおいし》

百済

和《やまと》朝臣　百済《くだら》朝臣　百済《くだら》公　調《つき》連　林《はやし》連
香山《かぐやま》連　高槻《たかつき》連　広田《ひろた》連　石野《いしの》連　神前《かんざき》連
沙田《ますた》史　大丘《おおおか》造　小高《おたか》使主　飛鳥部《あすかべ》

高麗

高麗《こま》朝臣　豊原《とよはら》連　福当《ふたぎ》連　御笠《みかさ》連　出水《いずみ》連
新城《しらぎ》連　男捄《おゆか》連　高《こう》史　日置《へき》造　福当《ふたぎ》造
河内民《かわちのたみ》首　後部薬《こうほうくすし》使主　王《おう》　高《こう》　高《こう》

新羅

橘《たちばな》守

任那

道田《みちた》連　大市《おおいち》首　清水《きよみず》首

■右京諸蕃上　三九氏

漢

坂上大《さかのうえ》宿禰　檜原《ひはら》宿禰　内蔵《くら》宿禰　山口《やまぐち》宿禰　平田《ひらた》宿禰
佐太《さた》宿禰　谷《たに》宿禰　畝火《うねび》宿禰　桜井《さくらい》宿禰　路《みち》宿禰

文《ふみ》忌寸　山田《やまだ》宿禰　志我閉《しがへ》連　長野《ながの》連　山田《やまだ》造
高村《たかむら》宿禰　伊吉《いき》連　常世《とこよ》連　台《うてな》忌寸　錦織《にしごり》村主
桧前《ひのくま》村主　広階《ひろはし》連　平松《ひらまつ》連　上《うえ》村主　椋人《くらひと》
松野《まつの》連　八清水《やきよみず》連　楊津《やなぎつ》連　若江《わかえ》造　下《しも》村主
秦《はた》忌寸　秦《はた》忌寸　秦《はた》忌寸　秦《はた》忌寸　秦人《はたひと》
浄山《きよやま》忌寸　栗栖《くりす》首　工《たくみ》造　田辺《たなべ》史

▩右京諸蕃下　六三氏

漢

大山《おおやま》忌寸　高向《たかむこ》村主　雲梯《うなて》連　郡《こおり》首　祝部《はふりべ》

百済

百済王《くだらのこにきし》　菅野《すがの》朝臣　葛井《ふじい》宿禰　宮原《みやはら》宿禰　津《つ》宿禰
中科《なかしな》宿禰　船《ふね》連　三善《みよし》宿禰　鴈高《かりたか》宿禰　安勅《あちき》連
城篠《きしの》連　市往《いちき》公　岡《おか》連　百済《くだら》公　百済伎《くだらのてひと》
広津連　清道《きよみち》連　広海《ひろうみ》連　不破《ふわ》連　麻田《あさた》連
広田《ひろた》連　春野《はるの》連　面氏《めんし》　己汶氏《こもんし》　汶斯氏《もんしし》
大県《おおあがた》史　道祖史　大原《おおはら》史　苑部《そのべ》首　民《みたみ》首
高野《たかの》造　飛鳥戸《あすかべ》造　御池《みいけ》造　中野《なかの》造　真野《まの》造

枌谷造《すぎたに》　坂田村主《さかた》　上勝《うえのすぐり》　不破勝《ふわのすぐり》　刑部《おさかべ》
漢人《あやひと》　賈氏《かし》　半毗氏《はんびし》　大石椅立《おおいしはしだて》　林《はやし》
大石林

高麗
長背連《ながせ》　難波連《なにわ》　島岐史《しまき》　島史《しま》　狛首《こま》
高田首《たかだ》　日置造《へき》　高安下村主《たかやすのしも》　後部王《こうほうのこにきし》

新羅
三宅連《みやけ》　豊原連《とよはら》　海原造《うなはら》

■山城国諸蕃　二二氏

漢
秦忌寸《はた》　秦忌寸《はた》　秦忌寸《はた》　秦冠　民使首《たみのつかい》
錦部村主《にしごり》　工造《たくみ》　祝部《はふりべ》　谷直《たに》

百済
民首《みたみ》　伊部造《いべ》　末使主　木曰佐《きのおさ》　勝《すぐり》
岡屋公《おかのや》

高麗
黄文連《きぶみ》　桑原史《くわはら》　高井造《たかい》　狛造《こま》　八坂造《やさか》

新羅

真城《まき》史

任那

多々良《たたら》公

■大和国諸蕃　二六氏

漢

真神《まかみ》宿禰　豊岡《とよおか》連　秦《はた》忌寸　桑原《くわはら》直　己智《こち》

三林《みつはやし》公　長岡《ながおか》忌寸　山村《やまむら》忌寸　桜田《さくらだ》連　朝妻《あさつま》造

額田《ぬかた》村主

百済

縵《かずら》連　和《やまと》連　宇奴《うぬ》首　波多《はた》造　薦口《こもく》造

園人《そのひと》首

高麗

日置《へき》造　鳥井《とりい》宿禰　栄井《さかい》宿禰　吉井《よしい》宿禰　和《やまと》造

日置倉人《へきのくらひと》

新羅

糸井《いとい》造

任那
辟田首《さきた》　大伴造《おおとも》

■摂津国諸蕃　二九氏

漢
石占忌寸《いしうら》　檜前忌寸《ひのくま》　蔵人《くらひと》　葦屋漢人《あしやのからひと》　秦忌寸《はた》
秦人《はたひと》　志賀忌寸《しが》　大原史《おおはら》　上村主《かみのすぐり》　竺志史《つくし》
台直《うてな》　史戸《ふひとべ》　温義

百済
船連《ふね》　広井連《ひろい》　林史《はやし》　為奈部首《いなべ》　牟古首《むこ》
原首《はら》　三野造《みの》　村主《すぐり》　勝《すぐり》

高麗
桑原史《くわはら》　日置造《へき》　高安漢人《たかやすのあやひと》

新羅
三宅連《みやけ》

任那
豊津造《とよつ》　韓人《からひと》　荒々公《あらら》

■河内国諸蕃　五五氏

漢

高丘《たかおか》宿禰　山田《やまだ》宿禰　山田《やまだ》連　山田《やまだ》造　長野《ながの》連

志我閇《しがへ》連　三宅《みやけ》史　大里《おおさと》史　秦《はた》宿禰　秦《はた》寸

高尾《たかお》忌寸　秦《はた》人　秦《はた》公　秦《はた》姓　古志《こし》連

河原《かわはら》連　野上《のがみ》連　河原蔵人《かわはらのくらひと》　河内絵師《かわちのえし》　八戸《やべ》史

高安《たかやす》造　板茂《いたもち》連　河内《かわち》忌寸　火撫《ひなつ》直　下日佐《しもおさ》

高道《たかみち》連　常世《とこよ》連　春井《はるい》連　河内《かわち》造　武丘《たけおか》史

常宗忌寸　交野《かたの》忌寸　広原《ひろはら》忌寸　刑部《おさかべ》造　茨田勝《まんだのすぐり》

伯禰《はくね》

百済

水海《みずうみ》連　調日佐《つきのおさ》　河内《かわち》連　佐良々《さらら》連　錦部《にしごり》連

依羅《よさみ》連　山河《やまかわ》連　岡原《おかはら》連　林《はやし》連　呉服《くれはとり》造

宇努《うぬ》造　飛鳥戸《あすかべ》造　飛鳥戸《あすかべ》造　古市《ふるいち》村主　上日佐《かみおさ》

高麗

大狛《おおこま》連　大狛《おおこま》連　島本《しまもと》

新羅

伏丸《ふかわ》

■和泉国諸蕃　二〇氏

漢

秦《はた》忌寸　秦勝《はたのすぐり》　古志《こし》連　池辺《いけべ》直　火撫《ひなつ》直
栗栖《くりす》直　楊侯《やこ》史　上《かみ》村主　蜂田《はちだ》薬師　蜂田《はちだ》薬師
凡人《おおしひと》中家（漢）

百済

百済《くだら》公　六人部《むとべ》連　錦部《にしごり》連　信太《しのだ》首　取石《とろし》造
葦屋《あしや》村主　村主《すぐり》　衣縫《きぬぬい》

新羅

日根《ひね》造

【未定雑姓】　一一七氏

左京

茨田《まんだ》真人（天神）　御原《みはら》真人（天神）　葛野《かどの》臣（天神）　池上椋人《いけがみのくらひと》（百済）
忍坂《おしさか》連（天神）　の野み実連（地祇）　物集《もづめ》連（漢）　百済《くだら》氏（百済）　朝戸《あさべ》（百済）
足奈《あしな》（百済）　後部高（不詳）（高麗）

右京

酒人《さかひとの》小川《おがわ》真人（天神）　成相《なりあい》真人（天神）　中臣臣（天神）　中臣栗原《なかとみのくりはら》連（天神）

大鹿首《おおか》（天神）　尋来津首《ひろきつ》（天神）　原造《はら》（天神）　坂戸物部《さかとのもののべ》（天神）　二田物部《ふたたのもののべ》（天神）
物部《もののべ》（天神）　大辛《おおから》（加羅）　凡海連《おおしうみ》（地祇）　高向村主《たかむこ》（漢）　志賀穴太村主《しがのあなほ》（漢）
ふで筆氏（百済）　弓良公《てら》（百済）　堅祖氏《けんそし》（百済）　古氏（百済）　加羅氏《からし》（百済）
呉氏《ごし》（百済）　朝明史《あさけ》（高麗）　後部高（不詳）（高麗）　三間名公《みまな》（任那）

山城国

物部間《もののべのま》（不詳）（天神）　春日部主寸《かすがべ》（天神）　大辟《おおさけ》（不詳）（天神）　山代直《やましろ》（天神）
恵我《えが》（不詳）（天神）　穴太《あなほ》村主（漢）　村主《すぐり》（漢）　国背完人《くにせのししひと》（漢）　物集《もづめ》（新羅）
木勝《きのすぐり》（百済）　広幡公《ひろはた》（百済）

大和国

葦田首《あしだ》（天神）　波多祝《はたのほうり》（漢）　相槻物部《あいつきのもののべ》（天神）　犬上県主《いぬかみ》（天神）　薦集造《こもつめ》（天神）
三歳祝《みとしのほうり》（地祇）　村主《すぐり》（漢）　長倉造《ながくら》（漢）　漢人《あやひと》（新羅）　鋺師公《まりし》（不詳）

摂津国

韓海部首《からのあまべ》（天神）　下神《しもつみわ》（地祇）　我孫《あびこ》（天神）　椋椅部連《くらはしべ》（天神）　津嶋直《つしま》（天神）
日下部首《くさかべ》（天神）　為奈部首《いなべ》（不詳）　嶋首《しま》（天神）　葛城直《かづらき》（地祇）　阿刀部《あと》（天神）
山首《やま》（天神）　川内漢人《かわちのあやひと》（天神）　住道首《すむじ》（天神）　牟佐呉公（漢）

河内国

佐自怒公《さじぬ》（天神）　伊気《いき》（天神）　壬生部公《みぶべ》（天神）　鴨部《かもべ》（天神）　池後臣《いけしり》（天神）
大伴連《おおとも》（天神）　孔王部首《あなほべ》（天神）　新家首《にいのみ》（不詳）　矢作連《やはぎ》（天神）　葦田臣《あしだ》（天神）

三間名《みまな》公（任那）　靫編《ゆきあみ》首（不詳）　倭川原《やまとのかわら》忌寸（天神）　内原《うちはら》直（地祇）　安曇《あずみ》連（地祇）
高安《たかやす》忌寸（漢）　大友《おおとも》史（百済）　船子《ふなこ》首（百済）　新木《にいき》首（百済）　豊村《とよむら》造（百済）
八俣部《やまたべ》（百済）　長田《ながた》使主（百済）　舎人《とねり》（百済）　狛染部《こまそめべ》（高麗）　狛人《こまひと》（高麗）
宇努《うぬ》連（新羅）　竹原《たけはら》連（新羅）　小橋《おばし》造（新羅）　坏作《つきつくり》造（新羅）　大賀良《おおから》（新羅）
賀良《から》姓（新羅）

和泉国

我孫《あびこ》公（天神）　椋椅部《くらはしべ》首（地祇）　鵜甘部《うかいべ》首（天神）　猪甘《いかい》首（天神）　古氏（天神）
大部《おおぶ》首（不詳）　工《たくみ》首（天神）　伯太首神人《はかたのおびとみわひと》（地祇）　日置部《へきべ》（天神）　凡人《おおしひと》（地祇）
茨木《いばらき》造（天神）　真髪部《まかみべ》（天神）　小豆首（漢）　神人《みわひと》（高麗）　近義《こんぎ》首（新羅）
山田《やまだ》造（新羅）

・氏族名の訓読は佐伯有清編『日本古代氏族事典』（雄山閣）に依拠した。

諸国国造一覧

・基本データは『国造本紀』による。

・また国造が存在したのは律令制以前であるため、厳密には国名が制定された時には国造は廃止されていたが、認識補助のために筆者が対応させたものである。なお、同一国に複数の国造が存在するのは、各国がさらに小地域に分割されていたことによっている。

国名　国造名　氏族名（カバネ）

■畿内

大和国　倭《やまと》国造　倭《やまと》氏（直）

　同右　闘鶏《つげ》国造　都祁《つげ》氏（直）

　同右　葛城《かずらぎ》国造　葛城氏（直）

山城国　山城（山背）国造　山背（山代）氏（直）・久我氏（直）★久我神社社家

河内国　凡河内《おおしこうち》国造　凡河内氏（忌寸）★河内國魂神社・坐摩《いかすり》神社社家

和泉国　和泉国造　不詳

摂津国　摂津国造　凡河内氏（忌寸）

■東海道

伊賀国　伊賀国造　阿保《あぼ》氏（君）

伊勢国　伊勢国造　伊勢氏（直）

志摩国　島津《しまづ》国造　島氏（直）
尾張国　尾張国造　尾張氏（連）のち千秋氏　★熱田神宮大宮司家
三河国　三河国造　不詳
　穂《ほ》国造　穂氏または磯部氏　★砥鹿《とが》神社社家
遠江国　遠淡海《とおつおうみ》国造　遠淡海氏（直）
　同右　久努《くの》国造　久努氏（直）
　同右　素賀《そが》国造　不詳
駿河国　廬原《いおはら》国造　庵原氏（君）
　同右　珠流河《するが》国造　金刺《かなさし》氏（舎人）
伊豆国　伊豆国造　日下部氏（直）のち伊豆氏（直）★三島大社社家
甲斐国　甲斐国造　甲斐氏（君）
相模国　師長《しなが》国造（磯長国造）不詳
　同右　相武《さがむ》国造（武相国造）　壬生《みぶ》氏（直）
武蔵国　知々夫《ちちぶ》国造　秩父氏
　同右　无邪志《むさし》国造　丈部氏（直）武蔵氏（宿禰）・无邪志氏（直）・笠原氏（直）
★大國魂神社・氷川神社社家
　同右　胸刺《むなさし》国造　不詳
安房国　阿波国造　大伴氏（直）

同右　長狭国造　長狭氏

上総国　須恵《すえ》国造　末氏（使主）

同右　馬来田《まくた》国造　不詳

同右　上海上《かみつうなかみ》国造　檜前《ひのくま》氏（舎人直）

同右　菊麻《きくま》国造　大鹿氏　不詳

同右　伊甚《いじむ》国造　不詳

同右　武社《むさ》国造　牟邪《むさ》氏（臣）

下総国　千葉《ちは》国造　大私部《おおきさいべ》氏（直）

同右　印波《いんば》国造　丈部《はせつかべ》氏（直）

同右　下海上《しもつうなかみ》国造　他田日奉《おさだのひまつり》氏（直）

常陸国　筑波国造　不詳

同右　新治《にいはり》国造　新治氏（直）

同右　茨城《いばらき》国造　壬生氏（連）

同右　仲国造　壬生氏（直）

同右　久自国造　大部氏（造）

同右　高国造　岩城氏（直）

同右　道口岐閉《みちのくちのきへ》国造　不詳

■東山道

近江国　淡海《おうみ》国造（近淡海国造）　不詳
同右　安国造（近淡海安国造・淡海安国造）　安氏（直）
美濃国　額田《ぬかた》国造　不詳
同右　三野前《みののさき》国造　三野氏（美濃氏）（直）　★南宮《なんぐう》大社社家
同右　本巣《もとす》国造　三野本巣氏（直）
同右　牟義都《むげつ》国造　牟義都氏（君）
同右　三野後《みののしり》国造　三野後氏（直）　★伊奈波《いなば》神社
同右　木蘇《きそ》国造　木曽氏（君）
飛驒国　斐陀《ひだ》国造　斐陀氏（国造）　★飛驒一宮水無神社社家
信濃国　科野《しなの》国造　科野氏（君）のち金刺《かなさし》氏・他田《おさだ》氏（舎人）　★諏訪大社下社社家
同右　洲羽《すわ》国造　洲羽氏（君）のち諏訪氏　★諏訪大社上社社家
上野国　上毛野《かみつけぬ》国造　上毛野氏（君）
下野国　下毛野《しもつけぬ》国造　下毛野氏（君）
同右　那須国造　那須氏（直）
陸奥国　白河国造　那須氏（直）
同右　石背《いわせ》国造　吉弥侯部《きみこべ》氏
同右　阿尺《あさか》国造　丈部《はせつかべ》氏（直）　★安積国造《あさかくにつこ》神社社家
同右　道奥菊多《みちのおくのきくた》国造　湯坐《ゆえ》菊多氏（臣）

同右　石城国造　石城氏（直）

同右　染羽《しめは》国造　不詳

同右　信夫《しのぶ》国造　不詳

同右　浮田《うきた》国造　吉弥侯部《きみこべ》氏

同右　伊久《いく》国造　不詳

同右　思《おもし》国造

出羽国　不詳

■北陸道

若狭国　若狭国造　膳氏（臣）、稚桜部氏（臣）

越前国　角鹿《つぬが》国造　角鹿氏（直）　★気比神宮宮司家

同右　三国国造　同右

同右　高志《こし》国造（越国造・古志国造）　道氏（君・公）

加賀国　江沼《えぬま》国造　江沼氏（臣）

同右　加我《かが》国造（賀我国造）　不詳

同右　加宜《かが》国造　道氏（君・公）

能登国　羽咋《はくい》国造　羽咋氏（君・公）

同右　能等《のと》国造　能登氏（臣）

越中国　伊彌頭《いみず》国造　射水氏（臣）

越後国　久比岐《くびき》国造　頸城《くびき》氏（直）
同右　高志深江《こしのふかえ》国造　高志氏（君・公）
佐渡国　佐渡国造　大荒木氏（直）

■山陰道

丹波国・丹後国　丹波国造　丹波氏（直）　★籠神社社家・海部氏は一族
但馬国　但遅麻《たじま》国造　但馬氏（君・公）
同右　二方《ふたかた》国造　不詳
美作国　美作国造　不詳
因幡国　稲葉国造　因幡氏（稲葉氏）・伊福部氏　★宇倍神社社家
伯耆国　伯岐《ほうき》国造　伯岐氏（伯耆氏）（造）
出雲国　出雲国造　出雲氏（臣）　★出雲大社社家
石見国　石見《いわみ》国造　不詳
隠岐国　意岐《おき》国造　隠岐・億伎氏　★玉若酢《たまわかす》神社社家

■山陽道

播磨国　明石《あかし》国造　海氏（直）
同右　針間《はりま》国造　針間氏（直）・佐伯氏（直）
同右　針間鴨《はりまのかも》国造　不詳
美作国　吉備中県《きびのなかつあがた》国造　三使部氏（直）

備前国　大伯《おおく》国造　不詳
同右　上道《かみつみち》国造　上道氏（臣）
同右　三野《みの》国造　三野氏（臣）
備中国　笠臣《かさのおみ》国造　笠氏（臣）
同右　加夜国造　香屋氏（臣）　★吉備津神社禰宜家
同右　下道《しもつみち》国造　下道氏（臣）
備後国　吉備品治《きびのほむち》国造　吉備品遅部氏（君）
同右　吉備穴《きびあな》国造　不詳
安芸国　阿岐《あき》国造　阿岐氏（安芸氏）（凡直）
周防国　大島《おおしま》国造　不詳
同右　周防《すおう》国造　周防氏（凡直）
同右　波久岐《はくき》国造　不詳
同右　都怒《つぬ》国造　角氏（臣）
長門国　阿武《あむ》国造　阿牟氏（公）
同右　穴門《あなと》国造　穴門氏（直）

■南海道

紀伊国　熊野国造　熊野氏（直）　★熊野神社
同右　紀国造（紀伊国造）　紀氏（直）　★日前《ひのくま》神宮・國懸《くにかかす》神宮社家

淡路国　淡道《あわじ》国造　淡道氏（凡直）または波多門部造《はたのかどべ》

阿波国　粟国造　粟氏（凡直）

同右　長《なが》国造　長氏（直）

讃岐国　讃岐国造　讃岐氏（公）、佐伯氏（直）

伊予国　小市《おいち》国造　小市氏（直）

同右　怒麻《ぬま》国造　不詳

同右　風速《かぜはや》国造　風早氏（直）

同右　久味《くみ》国造　久米氏（直）

同右　伊余《いよ》国造　伊余氏（伊予氏）（凡直）

土佐国　都佐国造　都佐氏（土佐氏）（凡直）

同右　波多《はた》国造　波多氏（君）

■西海道

筑前国・筑後国　筑紫《つくし》国造　筑紫氏（君・公）

豊前国　豊《とよ》国造　豊氏（直）

同右　宇佐国造　宇佐氏（公）　★宇佐神宮社家

豊後国　国前《くにさき》国造　国前氏（臣）

同右　大分《おおいた》国造　大分氏（君）

同右　比多《ひた》国造　不詳

肥前国
同右　松津国造　不詳
同右　末羅《まつら》国造　不詳
同右　葛津《ふじつ》国造（葛津立《ふじつたち》国造）不詳
肥後国　阿蘇国造　阿蘇氏（君）　★阿蘇神社社家
同右　火《ひ》国造　肥氏（君）
同右　葦北《あしきた》国造　葦北氏（君）
同右　天草国造　不詳
日向国　日向国造　諸県《もろがた》氏（君）・宮永氏　★宮崎神宮社家
同右　襲《そ》国造　不詳
大隅国　大隅《おおすみ》国造　大隅氏（直）
同右　多褹《たね》島造　不詳
薩摩国　薩摩国造　阿多氏（君）
壱岐国　壱岐国造　壱岐（伊吉）氏（直・島造）
対馬国　上県国造　津島県氏（直）
同右　下県国造　対馬下県氏（直）

・国造を自称しているが、複数の資料による確認の取れないものは除外した。

関連年表

西暦	和暦	出来事	関連人物
587	用命2	丁未の乱にて、物部守屋死す	物部守屋、蘇我馬子
593	推古元	四天王寺建立	厩戸皇子、蘇我馬子
601	推古9	斑鳩宮完成	厩戸皇子
645	大化元	乙巳の変にて、蘇我氏滅亡す	中大兄皇子、中臣鎌足
659	斉明5	第四次遣唐使、難波の三津浦から出航す	伊吉博徳
672	天武元	壬申の乱	天武天皇
673	天武2	大海人皇子即位す	天武天皇
684	天武13	「八色の姓」制定	天武天皇
686	天武15	天武帝、没す	天武天皇
690	持統4	伊勢神宮の第一回遷宮	持統天皇
694	持統8	藤原京へ遷都	持統天皇
695	持統9	遣新羅使（正使・小野毛野、副使・伊吉博徳）『伊吉博徳書』	伊吉博徳
701	大宝元	大宝律令制定	藤原不比等、伊吉博徳

708	和銅元	右大臣に藤原不比等	藤原不比等
712	和銅5	『古事記』撰上	天武天皇
713	和銅6	「風土記」編纂開始	元明天皇
718	養老2	藤原光明子、皇女（孝謙天皇）を出産す	
720	養老4	『日本書紀』撰上／藤原不比等、没す	藤原不比等
724	神亀元	元正天皇譲位し、首皇子即位す	聖武天皇
727	神亀4	藤原光明子、皇子（基王）を出産す	
735	天平7	国名を王城国と改めた新羅使を追い返す	
801	延暦20	征夷大将軍・坂上田村麻呂、陸奥へ出征す	坂上田村麻呂
807	大同2	『古語拾遺』撰上	斎部広成
815	**弘仁6**	**『新撰姓氏録』撰上**	万多親王ら
927	延長5	延喜式完成	醍醐天皇

主な参考資料　・順不同

『新撰姓氏録の研究　本文篇・研究篇』佐伯有清　吉川弘文館　一九六六年
『日本古代氏族の研究』佐伯有清　吉川弘文館　一九八五年
『古代氏族の系図』佐伯有清　学生社　一九七五年
『日本古代氏族事典』佐伯有清編　雄山閣　一九九四年
『元伊勢の秘宝と国宝海部氏系図』海部光彦編著　元伊勢籠神社社務所　一九八八年
『古代海部氏の系図　新版』金久与市　学生社　一九九九年
『秦氏・漢氏　渡来系の二大雄族　古代氏族の研究⑪』宝賀寿男　青垣出版　二〇一七年
『日本人と福の神――七福神と幸福論』三橋健　丸善　二〇〇二年
『渡来の古代史』上田正昭　角川選書　二〇一三年
『東国の古代氏族』古代史研究叢書4　関口功一　岩田書院　二〇〇七年
『出雲国風土記の研究』田中卓　国書刊行会　一九九八年
『出雲国風土記』沖森卓也・佐藤信・矢島泉　山川出版社　二〇〇五年
『式内社調査報告書』第十八巻　山陰道1　式内社研究会編　皇學館大学出版部　一九八四年
『式内社調査報告書』第二十巻　山陰道3　式内社研究会編　皇學館大学出版部　一九八三年
『本居宣長全集』第七巻　筑摩書房　一九七一年
『出雲国造伝統略』千家武主編　一八八二年

『出雲大社』千家尊統　学生社　一九九八年
『大神神社』中山和敬　学生社　一九七一年

『日本の神々　神社と聖地7　山陰』谷川健一編　白水社　二〇〇〇年
『日本の神々　神社と聖地11　関東』谷川健一編　白水社　一九八四年
『荒神谷博物館　展示ガイドブック』簸川町教育委員会　出雲学研究所　斐川町　二〇〇五年
『出雲の銅鐸』佐原真・春成秀爾　NHKブックス　一九九七年
『加茂岩倉遺跡と古代出雲』佐原真編　季刊考古学・別冊7　雄山閣　一九九八年
『出雲を原郷とする人たち』岡本雅享　藤原書店　二〇一六年
『不敗の条件　保田与重郎と世界の思潮』ロマノ・ヴルピッタ　中央公論社　一九九五年
『陰陽五行と日本の天皇』吉野裕子　法蔵館　二〇〇四年
『古墳文化の成立と社会』今尾文昭　青木書店　二〇〇九年
『常世論』谷川健一　講談社学術文庫　一九八九年
『山の宗教』五来重　角川学芸出版　二〇〇八年
『官幣大社　氷川神社志要』官幣大社氷川神社御親祭五十年祝祭奉斎会　一九一七年
『埼玉の神社　北足立・児玉・南埼玉』埼玉県神社庁神社調査団　埼玉県神社庁　一九九八年
『埼玉縣の神社』埼玉県神職会編　国書刊行会　一九八四年
『全国神社祭祀祭礼総合調査』神社本庁　一九九五年

『古事記』国史大系　吉川弘文館　二〇〇二年
『古事記伝』本居宣長　岩波書店　一九四〇年
『古事記』西宮一民校注　新潮社　一九八〇年
『日本書紀』國史大系　前編・後編　吉川弘文館　一九九三年
『日本書紀』岩波書店　二〇〇二年
『風土記』吉野裕訳　東洋文庫　平凡社　一九九四年
『新訂増補国史大系　交替式・弘仁式・延喜式』黒板勝美編　吉川弘文館　一九八一年
『延喜式』国史大系　前編　吉川弘文館　一九八一年
『神々の系図（正・続）』川口謙二　東京美術　一九九一年
『石上神宮宝物誌』石上神宮編　一九三〇年
『石上神宮宝物目録』石上神宮社務所　一九七四年
『石上神宮の七支刀と菅政友』藤井稔　吉川弘文館　二〇〇五年
『熱田神宮』篠田康雄　学生社　一九六八年
『神剣考』高崎正秀著作集第一巻　桜楓社　一九七二年
『古代刀と鉄の科学（考古学選書）』石井昌国・佐々木稔　雄山閣出版　一九九五年
『日本青銅器の研究』杉原荘介　中央公論美術出版　一九七九年

『弥生文化の研究8　祭と墓の装い』金関恕・佐原眞編　雄山閣　一九八七年
『土偶　埴輪』日本原始美術大系3　永峯光一・水野正好編　講談社　一九七七年

【参照自著】

『三種の神器　天皇の起源を求めて』　河出文庫　二〇一六年
『オオクニヌシ　出雲に封じられた神』　河出書房新社　二〇一七年
『ニギハヤヒと「先代旧事本紀」』　河出文庫　二〇二〇年
『ヒルコ　棄てられた謎の神』　河出書房新社　二〇一〇年
他

・その他、多くの各神社由緒書、図書資料、映像資料等を参考としており、各々の著者・編集者に、ここにあらためて謝意を表する。
・なお、本文中に引用されている記紀をはじめとする古文献の書き下し文および訳文は、とくに但し書きのない限りすべて著者によるものである。

〈著者紹介〉
戸矢 学（とや まなぶ）
1953年、埼玉県生まれ。國學院大学文学部神道学科卒。
公式サイト『戸事記』https://toyamanabu.jimdofree.com

〈主著〉
『スサノヲの正体　ヤマトに祟る荒ぶる神』河出書房新社（2020）
『古事記はなぜ富士を記述しなかったのか　藤原氏の禁忌』河出書房新社（2019）
『縄文の神が息づく　一宮の秘密』方丈社（2019）
『鬼とは何か　まつろわぬ民か、縄文の神か』河出書房新社（2019）
『東京ミステリー　縄文から現代までの謎解き１万年史』かざひの文庫（2019）
『アマテラスの二つの墓　東西に封じられた最高神』河出書房新社（2018）
『オオクニヌシ　出雲に封じられた神』河出書房新社（2017）
『深読み古事記』かざひの文庫（2017）
『縄文の神　よみがえる精霊信仰』河出書房新社（2016）
『神道入門』河出書房新社（2016）
『郭璞　「風水」の誕生』河出書房新社（2015）
『諏訪の神　封印された縄文の血祭り』河出書房新社（2014）
『富士山、2200年の秘密』かざひの文庫（2014）
『神道と風水』河出書房新社（2013）
『三種の神器　〈玉・鏡・剣〉が示す天皇の起源』河出書房新社（2012）
『ニギハヤヒ　「先代旧事本紀」から探る物部氏の祖神』河出書房新社（2011）
『ヒルコ　棄てられた謎の神』河出書房新社（2010）
『怨霊の古代史』河出書房新社（2010）
『氏神事典　あなたの神さま・あなたの神社』河出書房新社（2009）
『カリスマのつくり方』PHP研究所（2008）
『天眼　光秀風水綺譚』河出書房新社（2007）
『ツクヨミ　秘された神』河出書房新社（2007）
『陰陽道とは何か』PHP研究所（2006）
『日本風水』木戸出版（2000）

『南方熊楠　開かれる巨人』河出書房新社（共著、2017）
『呪術と怨霊の天皇史』新人物往来社（共著、2012）
『愛と涙と勇気の神様ものがたり　まんが古事記』講談社（監修、2015）
『古事記ゆる神様100図鑑』講談社（監修、2014）

神々《かみがみ》の子孫《しそん》
「新撰姓氏録《しんせんしようじろく》」から解《と》き明《あ》かす日本人《にほんじん》の血脈《けつみやく》

2021年5月14日　第1版第1刷発行

著者　戸《と》矢《や》学《まなぶ》
発行人　宮下研一
発行所　株式会社方丈社
〒101-0051　東京都千代田区神田神保町1-32
星野ビル2F
Tel.03-3518-2272　Fax.03-3518-2273
https://www.hojosha.co.jp/
印刷所　中央精版印刷株式会社

ISBN978-4-908925-77-1

縄文の神が息づく　一宮の秘密

戸矢 学 著

一宮から古代が見える！　全国各地にあり、最も古き神々の痕跡を色濃く残す「一宮」神社を訪ね、はるか縄文から弥生を経て、令和、平成にまで続く日本人の信仰と文化の根源を探る、画期的論考。「麻と粟が優先されるのは、それらがこの国にまず先にあったからである。つまり、麻と粟は縄文人の象徴であり、稲と絹は弥生人の象徴であるのだ。大嘗祭は、この両者の共生を示す祭祀である（『縄文の神が息づく 一宮の秘密』「あとがきにかえて」より）。

四六上製　256 頁　定価：1,850 円＋税　ISBN：978-4-908925-51-1